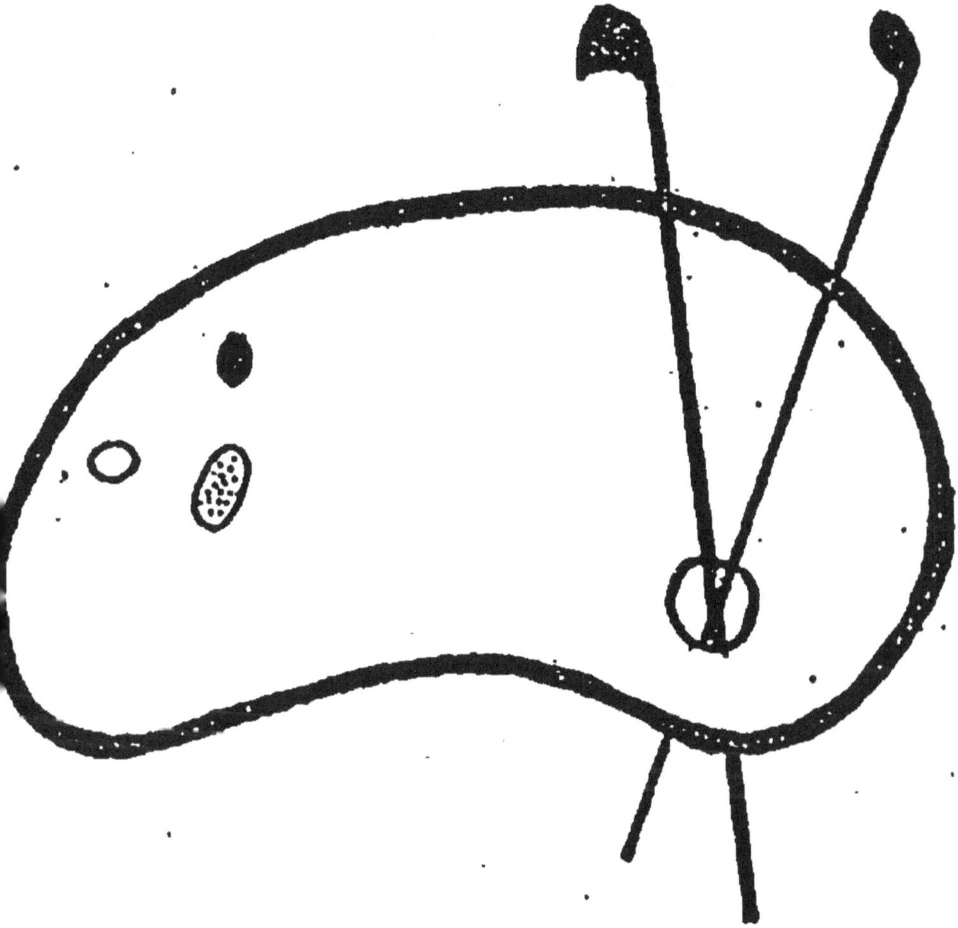

DEBUT D'UNE SERIE DE DOCUMENTS
EN COULEUR

la

Mission Nouvelle

par

Alexandre Weill

Paris

E. Dentu, Libraire-Editeur

Galerie d'Orléans (Palais-Royal)

1885

DU MÊME AUTEUR

VIENNENT DE PARAITRE :

MON THÉATRE. — Sept pièces de théâtre de jeunesse, inédites, non présentées et non représentées. Un beau volume de 550 pages, cartonné . . 10 fr.

LE PENTATEUQUE SELON MOÏSE

ET

LE PENTATEUQUE SELON ESRA

Première partie. . . . . 3 fr. 50

FLEURS D'ESPRIT ET DE SAGESSE DES RABBINS, traduites de l'hébreu et du chaldéen. Un beau petit volume . . . . 5 fr.

Paris. — Soc. d'imp. PAUL DUPONT, 41, rue J.-J.-Rousseau (Cl.) 1006 bis,3.85.

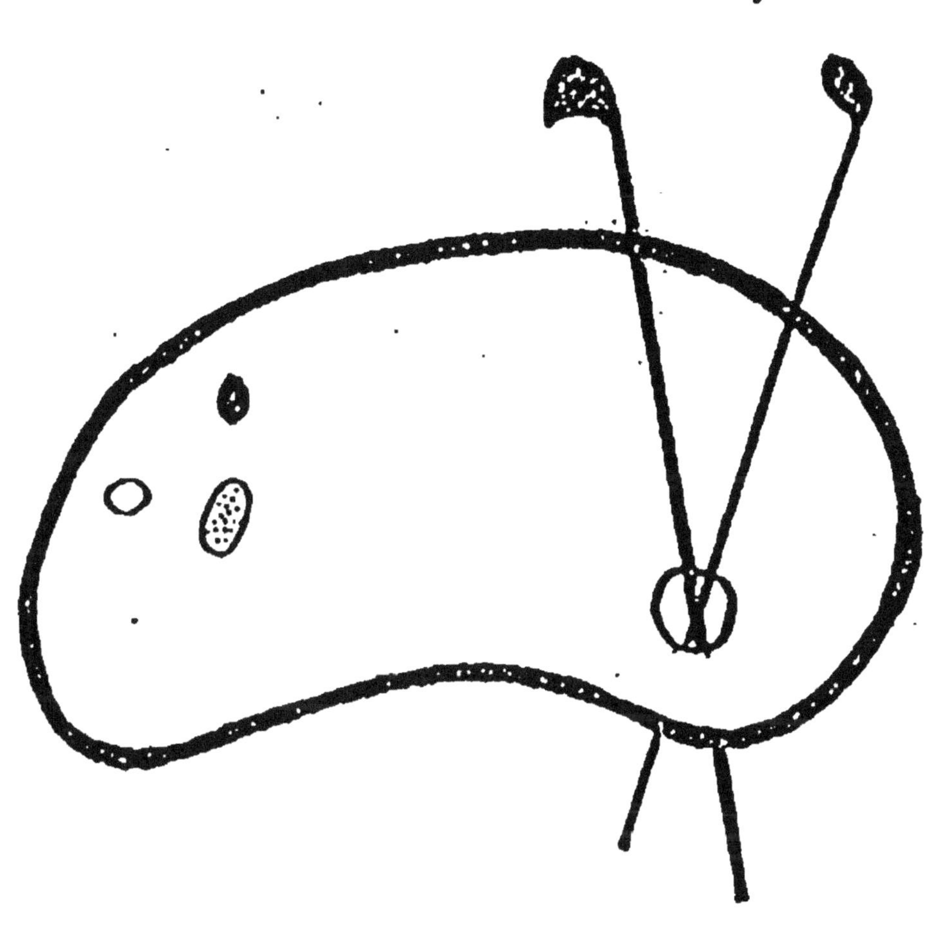

FIN D'UNE SERIE DE DOCUMENTS
EN COULEUR

LA

MISSION NOUVELLE

Paris. — Société d'imprimerie PAUL DUPONT (Cl.) 1006.3.85.

la
Mission Nouvelle

par

Alexandre Weill

Paris

E. Dentu, Libraire-Éditeur

Galerie d'Orléans (Palais-Royal)

—

1885

PRÉFACE

Ce livre ne sera pas lu, du moins de mon vivant. Aucun de mes livres sérieux n'a été lu et cela tient à des causes entièrement dépendantes de moi et que je n'ai jamais cherché à faire disparaître. Voici ce qu'une dame belge m'a écrit à ce sujet, il y a bientôt deux ans. Je cite sa lettre textuellement. « Cher monsieur ! J'ai soixante-cinq ans. Depuis quarante ans, je lis tout ce qui parait de sérieux en poésie et en philosophie. Le vieux ne me paraissant pas vrai, j'ai cherché du nouveau, que je n'ai trouvé que dans vos livres. — (Suit une série de mes ouvrages.) Pour du nouveau, c'est du nouveau, mais est-ce vrai ? That is the question ! N'importe ! Vous êtes, depuis des années, mon guide spirituel, mon directeur, sinon de conscience, du moins d'esprit. Dites-moi, monsieur, d'où vient que vous n'êtes ni lu, ni connu ? Aucun de mes amis, qui se croient des penseurs sérieux, ne vous connaît, un seul vous a lu — je lui ai prêté un de vos livres — et ce seul traite vos principes de paradoxes. Naturellement ! Il ne croit qu'aux siens qui sont des rengaines universitaires. J'ai cru, d'abord, chercher la cause de cette *méconnaissance* dans votre caractère personnel. Je vous ai cru misanthrope, cherchant la solitude, mais mon amie, Mᵐᵉ C..., qui vous connaît et vous estime, m'a assuré que vous étiez très aimable et presque mondain. Je me suis informée sur votre position sociale (dans une intention que je n'ose vous avouer, car je suis riche), on m'a dit que vous étiez veuf, sans enfants, au-dessus de tout besoin, presque riche. Alors, j'y perds mon latin, car je sais un peu le latin. » Le reste en témoignages d'amitié.

J'ai répondu à cette dame par quelques phrases amicales de remerciement.

Mais dès ce jour, j'ai recherché moi-même les causes morales de cet isolement philosophique et littéraire, et comme elles sont intimement liées aux mœurs et aux abus, j'allais dire aux vices du XIXᵉ siècle savant, littéraire et politique, je me suis décidé à les publier. Encore que je craigne que cette préface ne soit la postface d'une longue vie d'études et de travaux stériles !

Dès mon enfance, à l'âge de douze ans, ayant étudié la Bible en hébreu et connaissant déjà la vanité de la vie, par la lecture des livres rabbiniques, ayant ressenti moi-même les effets de la haine et du mépris du chrétien pour le juif, je me suis promis de me venger noblement, et me suis tracé, dans mon imagination exaltée, une vie idéale, non de grandeurs matérielles, mais de grandeurs morales, dignes d'un prophète de la Bible. Dans *Ma Jeunesse*, j'ai décrit les péripéties de mon exorde de l'Alsace à Metz et à Nancy et des déceptions spirituelles qui m'ont forcé de m'expatrier en Allemagne, après avoir passé par la vie de galère d'un marchand de bestiaux. J'avais mis ma confiance en Dieu et je m'étais promis, croyant imiter en cela les grands esprits de la Bible juive, de ne jamais m'exposer à être forcé de mentir, non pas seulement aux autres, mais à moi-même ; de vivre plutôt de pain et d'eau que de servir, que de faire violence à mon âme, au profit du corps, en un mot, de vivre toujours indépendant, selon ma foi et mes principes, fût-ce au prix des plus grandes privations matérielles ! Jamais jeune homme n'eut autant que moi le dedain des richesses et des grandeurs sociales. A mesure que j'avançais en âge et en connaissance des mœurs du monde, je m'aperçus que tous ces mondes, même celui dans lequel je me mouvais, ne vivaient que de *mensonges!* Décidé à me faire rabbin et à mener une vie de saint orthodoxe, à mesure que mes études s'étendaient, je perdais la foi à la révélation personnelle de Jéhovah à Moïse, ne croyant plus à aucun miracle surnaturel et dès lors, nonobstant l'indulgence de mon vieux professeur, le grand rabbin qui me conféra le diplôme de rabbin, après avoir scruté mon for intérieur, et voyant que je serais forcé de mentir à mes ouailles, de leur enseigner des choses auxquelles je ne croyais plus, je pris la résolution de renoncer à tout jamais au rabbinat, au risque, selon l'expression de mon maître, de mourir sur le fumier. Ce fut le premier *Mensonge* que j'ai foulé aux pieds, aux dépens de mes intérêts!

La nature m'avait doué d'une forte voix de ténor de poitrine et d'une oreille musicale à chanter des ouvertures entières, après une ou deux auditions. Grâce à ma voix, toutes les portes s'ouvraient devant moi, et ce fut grâce à elle que j'ai pu faire mes études, sans jamais payer un professeur. A peine eus-je jeté aux orties le froc rabbinique, que quatre millionnaires, dont un sénateur et un magistrat, m'offrirent six mille francs, pour achever mes études de chant, à condition de m'engager d'avance à l'Opéra de Francfort. Offre tentante! Le maître de chapelle, M. Guhr, juif converti et mon ami, me disait que j'avais un million dans mon gosier et qu'il se faisait fort de l'en faire sortir. J'acceptai préalablement. A peine lancé dans cette carrière, au seuil encore du temple, dirigé par des marchands, je m'aperçus que c'était un véritable esclavage. Esclavage doré, soit! Mais esclavage! Tous les jours à l'heure fixe aux répétitions, matin et soir aux leçons. Etre exposé à ce qu'un directeur examine vos mollets et vos dents; chanter à l'heure indiquée, non pas quand il vous plaira, quand le cœur vous en dit, mais quand il plaira à un directeur spéculateur et à un public sot, et ignorant et oisif; être exposé aux sifflets d'un imbécile et par-dessus tout s'engager par écrit et signer tous les jours un papier de présence. Il est vrai qu'on a devant soi un bel avenir d'or et de femmes. Mais quoi! L'or, je m'en passais très bien, et quant aux femmes je crois, avec la cabale, que, récompense ou châtiment, on a toujours la femme que l'on mérite et qu'en

dehors du mariage, comme l'hydropique, plus on a d'eau dans le ventre, plus on a soif! Et puis représenter des personnages souvent antipathiques, chanter des airs d'amour, quand on a la haine au cœur, *mentir pendant toute sa vie*, paraître ce qu'on n'est pas, et rien laisser après soi qu'un sillage d'écume, semblable au navire que fend l'onde!

Moi, qui connaissais, par mes études rabbiniques, le néant et les vanités de la courte vie, qui, au lieu d'être un justiciable, avais déjà pris, dans la presse, le rôle de justicier. — Non, me dis-je, c'est une vie de *mensonges* dont tu ne goûteras pas. Le bon Dieu fut de mon avis. Il m'envoya une bonne petite maladie de peau, me livra à un tas de médecins allemands, plus ignorant, plus empirique l'un que l'autre, et le théâtre et le chant furent, non sans luttes, écartés pour toujours, malgré une nouvelle tentative de mon ami Meyerbeer.

Le même sénateur — il s'appelait *Coester*— qui avait souscrit pour faire de moi un chanteur, après avoir vu mon refus et après avoir lu de moi une brochure intitulée *Kolladi et son ami, réponse aux questions vitales de la philosophie et de la religion*, vint m'offrir en mariage sa nièce, son héritière, à condition de me convertir et de me faire pasteur protestant.

Moi, qui avais refusé de défendre Jéhovah, je devais m'engager à défendre Jésus. Cet homme a peut-être fait du bien aux ennemis des Juifs, mais jamais fils n'a fait autant de mal à sa famille que ce Juif a fait à son peuple! On m'aurait offert vingt nièces et cent millions, il m'eût été impossible de trouver dans l'Evangile une seule vérité qui ne fût contenue déjà dans l'Ancien Testament. Et quant à Jésus, le disciple de Rabbi Jéshuah Ben Prachia, je l'ai toujours cru de la race des élèves talmudiques, mes compagnons d'étude, et qui n'aimaient pas plus que lui les Pharisiens.

Je n'ai pas hésité une heure pour écarter ce nouveau *mensonge* d'un revers de main.

Théodore Creiznach, étudiant de mon âge, mon ami intime, poète et orateur, qui plus tard s'est converti *et qui en est mort*, lisant avec moi Homère en grec, moi lisant avec lui Isaïe en hébreu, me conseilla d'aller avec lui à l'Université pour obtenir le titre de docteur. Il se rendit d'abord à Giesen, puis à Heidelberg où je le rejoignis. Je n'étais pas huit jours dans cette ville du tonneau monstre, sans me faire immatriculer, que je m'aperçus que tous les professeurs enseignaient en détail dans leurs cours, ce qu'ils avaient publié en bloc dans de gros volumes. Alors, à quoi bon aller à l'Université ? Encore un Mensonge !

Au bout de deux mois, après avoir fait, pour deux candidats protestants, deux thèses sur l'hébreu, à charge de revanche de faire la mienne en latin, j'acquis la conviction que, sauf pour la médecine et la philologie — et encore ! — le diplôme de docteur qu'on obtient à l'Université allemande, contre une certaine somme assez ronde, n'avait pas la moindre valeur et que c'était encore un Mensonge, dont les Français surtout sont les dupes. Que d'ânes allemands qui se sont introduits en France, moyennant ce diplôme en peau de lion ! Un jour un jeune hobereau crut m'injurier en m'appelant juif ! — Imbécile, lui dis-je. En allemand universitaire, cela se traduit par *Tête de mouton ! J'aime bien mieux être juif moi-même que d'en avoir un pour mon Dieu !* Le mot fit fortune dans le *Kneipe*, mais ces Messieurs, après en avoir ri, décidèrent que j'étais l'injurié Injurié, leur dis-je, pour avoir été appelé juif, c'est le seul titre dont je suis fier ! Je ne voudrais pas être un chrétien allemand, on me donnerait toutes les couronnes de l'Allemagne.

D'ailleurs, ajoutai-je, j'ai le bonheur d'être né Français, et le plaisir de vous quitter en quelques jours. On m'aurait peut-être fait un mauvais parti, mais les Alsaciens, à cette époque déjà, — en 1835, — étaient les Benjamins de l'Université. On les choyait, on les fêtait comme des enfants prodigues qui devaient revenir au foyer paternel. Quant à moi, n'ayant pas la somme voulue à ma disposition pour le titre de docteur, je retournai à Francfort, décidé à employer cet argent, dès que je l'aurai, pour rentrer dans ma patrie, où les juifs venaient d'obtenir, *grâce à Louis-Philippe*, leur complète émancipation comme hommes et comme citoyens.

Là, me dis-je, ne considérant plus le chrétien comme un cruel oppresseur, comme un odieux exploiteur du juif, car il ne fut jamais autre chose, je pourrai l'aimer comme un frère, et travailler avec lui au bien de la patrie. Les chrétiens n'ont jamais opprimé les juifs que dans un vil intérêt égoïste. Quand ils nous massacraient, c'était pour confisquer nos biens, violer nos femmes et voler nos enfants. Ils sont bien plus cruels envers les juifs que les Pharaons ! Les Egyptiens ne nous ont forcés que de leur faire des briques, sans nous livrer la paille ; les soi-disant nobles Allemands, Roumains et Russes exigent que nous leur fassions de l'or pour leurs débauches et leurs guerres, sans nous en livrer le métal.

Comme si le soleil n'existait que pour les ombres !

Arrivé à Paris, à l'âge de vingt-cinq ans, bien d'autres Mensonges se dressèrent devant moi, autant de montagnes d'obstacles !

Grâce à ma qualité de correspondant des principaux journaux allemands et à mon amitié avec Gérard de Nerval, j'obtins vite mes entrées dans les sanctuaires de la science et de la littérature de Paris. En effet, tous les journaux allemands étaient à ma disposition. Je correspondais avec *la Gazette d'Augsbourg*, le *Correspondant de Nurembourg*, la *Gazette de Leipsig* et le *Courrier de Stuttgart*.

J'étais collaborateur du *Monde Elégant de Kuhne*, du *Morgenblatt* de Cotta et du *Télégraphe* de Gutzkow. J'étais plus connu en Allemagne à l'âge de vingt-quatre ans, que je ne le suis en France, après quarante années de travaux littéraires, poétiques et philosophiques. Mais j'étais décidé, dussé-je mourir de faim, à briser ma plume allemande et à ne plus écrire que dans la langue sacrée de ma patrie, à laquelle je ne préfère que l'hébreu.

J'ai vu Cousin, qui traduisait Platon, sans savoir le grec ; j'ai vu Philarète Chasles, qui traduisait Jean-Paul, sans savoir l'allemand. Si j'avais été Allemand, je me serais fait avoir le titre de docteur et sans passer un examen, grâce à ma science philologique, sachant parfaitement l'hébreu, le chaldéen, l'allemand et l'anglais, et passablement le grec et le latin, je serais entré, haut la main, à l'Institut. Mais j'étais Français. Il aurait fallu être bachelier. Bachelier ! J'en ai connu dont je n'aurais pas voulu pour mes copistes ! Et puis, je n'étais point fort en mathématiques, science que j'ai toujours peu estimée, attendu que j'ai connu nombre de professeurs de mathématiques qui étaient des sots fieffés. C'est une *science de pain* selon une expression allemande. L'esprit, ni surtout le génie, n'y est pour rien. Je n'en excepte que les mathématiques physico-astronomiques, mais celles-là n'ont rien à faire avec la science dont on fait des ingénieurs et des géomètres.

Je suivais pendant quelque temps les cours des professeurs célèbres de l'Université d'alors. J'étais très lié avec Lherminier. Tous, au lieu d'enseigner quelque chose, s'exerçaient dans l'art de parler, pour devenir député ou ministre, et encore de parler pour ne rien dire. Je n'assistais à leurs cours que pour apprendre à corriger mon accent, et ils ne me l'ont pas corrigé. On enseigne tout à l'Université de Paris, excepté ce qu'il faut pour devenir un homme. Savoir : la philosophie de l'histoire et la philologie, non pour les langues elles-mêmes, mais pour lire dans leur langue maternelle les trente hommes de génie qui ont existé depuis la création du monde, poètes, historiens, moralistes, philosophes, théologiens, et qu'il faut absolument avoir lus pour devenir un homme dans la force du terme, avant de devenir une spécialité, et pour savoir se tenir droit devant Dieu et devant les hommes, à travers toutes les vicissitudes de la vie. Or, l'Université n'enseigne réellement que le français et l'histoire de France. Tout converge vers ces axes, et elle met vingt ans à enseigner une chose qu'un homme intelligent peut apprendre en vingt mois. Quand je pense qu'il n'y avait pour l'hébreu que deux élèves qui ne fréquentaient ce cours que pour remplacer le professeur qui, lui, n'en savait pas plus qu'eux. Même chose pour les langues vivantes. L'allemand était dans un état pitoyable. Depuis, on a fait des réformes; autant couper des cors à une jambe pourrie. Qu'est-ce qu'une Université qui n'enseigne pas la science biblique d'où est sortie toute la civilisation humaine? Elle ne connaît la philosophie et les lois de Moïse que sur ce que Voltaire lui en a dit. Elle n'a jamais connu l'incomparable chef-d'œuvre de *David Michaëlis*, intitulé : *Le Droit de Moïse*. *L'Université de France est toujours catholique, et dès qu'elle n'est pas catholique, elle devient athée.* Je n'y ai connu qu'un seul professeur, grand homme d'esprit et grand philosophe, ce fut M. Bersot, mais sa science philologique se bornait au grec et au latin.

Le penseur le plus sincère, le philosophe le plus profond de l'Université actuelle, c'est M. Paul Janet. Mais il ne suffit pas d'exposer des vérités dans de gros volumes, il faut avant tout attaquer de front les erreurs, leur cingler la figure jusqu'au sang et flageller, sans miséricorde, ceux qui les protègent et qui en vivent, sous n'importe quel nom. C'est ce qu'ont fait tous les prophètes contre les idoles et les idolâtres. C'est ce qu'ont fait tous les vrais philosophes, depuis Socrate jusqu'à Voltaire. Des brebis saines en masse ne guériront pas les brebis galeuses, mais cinq brebis galeuses, si on ne les expulse pas, compromettront la santé de tout un troupeau. La haine du mal est la racine de l'amour du bien. Mais aujourd'hui le veau d'or a deux têtes. L'une de ces têtes c'est le catholicisme idolâtre, l'autre, c'est l'athéisme. Ces deux extrêmes se touchent, et, comme le serpent enroulé, la queue est mordue par la bouche. Mais ces deux têtes se trouvent à l'Université et à l'Académie même, et M. Janet, professeur à cette même Université, ne les attaquera pas. Et il passe comme un mirage dans un désert!

Ce fut pourtant un Français qui créa *la philosophie de l'histoire*. Voltaire, dans son *Essai sur les Mœurs*, mauvais titre, mais le meilleur livre de ce grand homme incomplet! Cette philosophie n'est point enseignée en France, parce que les uns se bornent à rabâcher le *Discours sur l'Histoire universelle*, de Bossuet, un grand homme dont la grandeur disparaît aux frontières du catholicisme, et parce que les autres n'ont jamais jugé l'histoire que comme une série d'accidents sans logique et sans but. Seuls, les juifs ont su écrire l'histoire. Pour eux l'histoire fut et sera toujours le tribunal de la justice de Dieu. Les poètes grecs ont eu un vague pressentiment de cette justice inexorable qu'ils appelaient fatalité, pour des crimes irréparables, mais ce fut une protestation contre leurs dieux qui n'étaient pas la justice, mais l'arbitraire. Plutarque seul fait exception. Les articles sur la Justice de Dieu auraient pu être écrits par Isaïe, mais Plutarque était déiste, presque mosaïste. Tacite sent bien aussi la main de la Némésis dans l'histoire, mais il n'est que témoin, il n'est pas juge. Il ne remonte pas à la source pour suivre la logique divine des événements humains. *Il ne possède pas la vérité sur Dieu.*

En général, les Universités des pays catholiques sont frappées de mort. *L'âme d'une Université c'est la philosophie*, les autres sciences ne sont que des satellites, se mouvant autour de ce soleil. Dans les pays catholiques nul professeur ne peut exister *s'il professe ce qu'il pense*. C'est forcément un enseignement d'erreurs et de mensonges. Songez donc que Cousin, qui était déiste, n'a jamais osé professer le déisme pur et *qu'il est mort catholique*. Ceux qui renieront le catholicisme, professeront l'athéisme, même quand ils croient en Dieu, de peur d'être accusés de judaïsme. Renan, lui-même, préfère jongler avec le scepticisme que de s'avouer franchement déiste. *Or, la philosophie n'est autre chose que la théorie d'une religion, de même que toute religion est une philosophie mise en pratique.* Séparer la philosophie de la religion, autant vouloir séparer le soleil de la lumière ! Ils pataugent tous dans une mare de mots grecs et latins, plus incompréhensibles, plus barbares les uns que les autres et n'enseignent que des phrases. Voltaire et Rousseau, ce dernier surtout, n'eussent jamais pu être professeurs à l'Université de France. A peine eussent-ils pu être de l'Académie, mais sans y aller. Il est vrai qu'il reste à l'Université l'athéisme. Elle en a largement profité, surtout dans les soi-disant sciences subsidiaires. Mais alors à quoi bon une Université ? Qu'on la rase et qu'on y mette dessus une pierre tombale avec l'inscription : « IL N'Y A RIEN ! *Il n'y a qu'un singe perfectionné, et ce singe, c'est toi, passant !* »

L'Université de France n'est pas bâtie sur le sable, mais sur le guano philosophique.

Mais l'Institut ? Parlons-en ! Henri Heine et moi nous en avons souvent parlé, au dessert, en buvant force rasades de sauterne et et de champagne.

Schiller, dans une *xénie*, a bien jugé l'Académie. « Prenez-en, dit-il, les membres un à un, vous y trouverez des hommes marquants et de grand talent. Jugez-les ensemble et vous n'avez devant vous qu'un immense sot. »

L'Allemagne, ni l'Angleterre, ni l'Italie n'ont une académie. Leurs langues n'ont-elles pas progressé ? Se sont-elles arrêtées dans leurs cours ? Une langue est comme un fleuve, qui affouille d'un côté les bords et qui apporte ses alluvions à l'autre bord. Ce n'est pas le lit qui fait le fleuve, c'est le fleuve qui creuse son lit. Or, l'Académie est un lit qui veut régler le fleuve, et encore un lit de Procuste. Même en l'endiguant dans sa longueur de cours, elle n'en ferait qu'un canal sans poissons pour la petite batellerie. Le *Dictionnaire de l'Académie* est le plus mauvais dictionnaire de la langue française. Le vieux français est un fleuve torrentueux, charriant de l'or, des cailloux et aussi des immondices. Le régler, c'est lui ôter toute originalité, toute poésie. Le français est la langue la plus riche de l'Europe. L'anglais en a largement profité. De chaque mot que l'Académie n'admet plus, l'anglais en forme un verbe, un substantif, un adjectif et un adverbe. L'Académie française a mis sa langue en tutelle, et à force de la régenter, elle en a fait une pauvresse. A quoi sert d'avoir des millions s'il est défendu de les dépenser, même à tort et à travers ? Certaines personnes passent pour posséder un trésor d'esprit, parce qu'elles n'en dépensent jamais. C'est le cas de l'Académie. Je comprends une académie fondée pour donner une pension à des écrivains qui ont plus travaillé pour la gloire que pour gagner de l'argent. Ceux-là seuls remplissent une mission, car pour tirer de l'argent d'un public, il faut flatter ses vices et ses travers. En ce cas, non seulement l'Académie devrait elle-même rechercher ses membres, au lieu de leur infliger l'immodestie de briguer ses suffrages, mais encore elle ne devrait jamais admettre un écrivain qui a travaillé pour gagner de l'argent et qui en a gagné, en violant tous les devoirs d'un missionnaire littéraire. Car de deux choses l'une, ou l'homme de lettres a remplacé le prêtre, ou il n'est qu'un vil amuseur, un pitre romantique ou dramatique. Dans un pays où la religion est à la hauteur de la raison philosophique, le citoyen n'a pas besoin de l'homme de lettres; le gazettier et la dépêche télégraphique lui suffisent. Et, de fait, les grands hommes de lettres n'ont paru que dans des pays où le prêtre avait perdu toute influence sur les esprits sérieux du peuple. Mais cela me conduirait trop loin.

Je comprendrais encore une académie avec un certain *credo* littéraire, n'admettant dans son sein que des membres souscrivant à ce *credo*. L'Académie française, fondée par Richelieu, était une institution catholique et monarchique. Elle ne saurait plus être ni l'une ni l'autre. Les choses humaines changent toujours de place. Mais alors qu'est-elle ? Quelle influence exerce-t-elle sur la littérature ? Elle qui accueille les gros et les menus, pourvu qu'on ait du succès, une haute fonction ou de la fortune ! Quel est son credo philosophique et littéraire ? A-t-elle jamais favorisé un chef-d'œuvre et anathématisé une saleté littéraire ? A-t-elle jamais eu la moindre influence sur la direction spirituelle du peuple français ? La belle besogne que de s'enfumer mutuellement avec du faux encens, qui n'est plus que de l'eau

bénite de cour. C'est indigne d'hommes sérieux. M'est avis que l'Académie française,
loin d'avoir contrarié, en quoi que ce fût, la
décadence des lettres françaises, y a, au
contraire, largement contribué. Et la belle
consolation de dire que les autres nations
sans académie ne valent pas mieux que nous.
Cela me fait l'effet d'un prêtre qui dirait :
« Vous voyez ce laquais, eh bien, il n'est pas
plus fort que moi dans l'art de prêcher.» La
France, en sa qualité de nation initiatrice, a
charge d'âmes, et quand la France s'enivre,
toute l'Europe est saoule !

L'*Académie des sciences morales* ou plutôt
des *Ours* moraux et politiques est encore
plus inutile. Je comprendrais un institut pareil dont les membres seraient chargés de
rendre un compte exact de tout ce qui paraît
dans l'Univers de sérieux dans les domaines
des sciences philosophiques, économiques et
morales. Telle qu'elle est, elle n'est qu'une
machine de réclames pour des médiocrités
présentées par des amis moins scrupuleux
qu'Hamlet. Son ami lui ayant demandé la
place de directeur de musique : « Tu es un
honnête homme, lui répondit-il, mais un dé-
testable musicien. » Qu'on me cite un seul
livre couronné par l'Académie qui soit un
réel chef-d'œuvre et qui ait eu une influence
littéraire ou scientifique sur la France et
sur l'Europe.

Passe encore pour couronner les poètes et
des savants pauvres, c'est de la charité!
Mais couronner de pauvres poètes, de piè-
tres savants, c'est un crime de lèse-poésie
et de lèse-science!

Admettons un instant l'Académie française
disparue, la France y perdrait-elle un chef-
d'œuvre?

La langue française y perdrait-elle son
incomparable supériorité?

Je n'ai jamais permis qu'on présentât un
de mes livres à l'Académie pour un concours
quelconque; Mignet a voulu présenter ma
Guerre des Paysans. Mme Ancelot voulait
absolument y faire présenter, par un de ses
amis, ma *Couronne* et mon *Émeraude.* Sur
mon âme, si ces livres avaient obtenu un
prix académique, j'aurais douté de mon talent!

On me dirait : « Les raisins sont trop verts! »
Mais quoi! Je n'ai jamais daigné lever une
patte pour en attraper la moindre grappe.
Cela me rappelle un tapissier fraîchement
décoré, complimenté à Étretat de tout le

monde, excepté de moi. —Ah! me dit-il, ce
sont des raisins trop verts pour vous! — Vous
êtes un heureux coquin, lui répondis-je.
Vous avez la chance extraordinaire d'avoir
une femme laide! Il n'a pas compris.

Je ne fus pas longtemps à m'apercevoir
qu'il existait, et qu'il existe encore, en France,
une véritable confrérie universitaire et académique; qu'ouvertement ou tacitement tout
écrivain qui ne tient pas, de près ou de loin,
à l'Université, ou à une de ses écoles, sera,
sinon exclu, du moins étouffé par le silence
de la presse littéraire, tout entière universitaire et académique, dont presque tous les
écrivains — je ne parle pas du menu fretin
— ne sachant ni l'allemand ni l'anglais,
écrivent de la même manière courante, se
servent des mêmes tours, des mêmes locu-
tions, et, comme la femme vertueuse, sans
histoire, travaillent pendant des années leur
style, pour ne pas en avoir du tout!

Il n'y a d'exception que pour les romans
et les vers lyriques, mais ceux-là même,
dans leurs rêves d'or, en dehors du million,
espèrent entrer dans le paradis de l'Académie, où, comme dans le paradis chrétien, il
y a nombre de jets d'eau, avec un homme
qui joue de la flûte. Chacun espère devenir
ce flûtiste, ne fût-ce que pour être pris, le
jour de la réception, pour un Apollon du
Parnasse. La Société mutuelle des hommes
de lettres est destinée à devenir elle-même
le parvis de ce temple. Les Français, tant
que durera l'Université, renverseront dix
pouvoirs plutôt que de renverser l'Académie.
Non pas qu'elle ressemble à un roseau pliant
qui se relève, l'Académie ne se courbe pas,
puisqu'elle n'est jamais debout. Elle a la
carapace du crocodile. Elle en a aussi les
larmes!

Le lecteur peut aisément voir une des raisons pourquoi jamais journal français n'a
rendu un compte sérieux d'un de mes livres.
Si, pourtant. Lors de mon début littéraire —
il y a quarante ans — plusieurs journaux ont
rendu compte de mes livres d'histoire.
Mais ils ont cru que j'étais Allemand! Dès
qu'ils ont su que j'étais Français, que j'avais
bec et ongles, que je maniais non seulement
le chassepot du chasseur de Vincennes, mais
encore la fronde de David, ayant toujours ma
poche pleine de petits cailloux pour frapper les fronts creux des Goliath, ils n'ont
plus prononcé mon nom, et je n'ai jamais
fait une démarche en ma faveur, excepté

pour obtenir deux lignes d'annonces, les annonces de librairie, à Paris, étant plus chères qu'une loge à l'Opéra avec une cocotte dedans.

La France est une nation romancière et théâtrale. Elle n'est ni littéraire, ni philosophique, ni poétique.

Dans la vaste exposition littéraire de Paris, je ne suis pas *hors concours*, mais *hors cadre!* Je n'ai jamais pu m'encadrer, ni dans une société, ni même dans un journal. Je n'ai pu, non plus, m'encadrer dans un parti politique.

Quand je suis arrivé à Paris, j'étais républicain et socialiste. Naturellement. Nourri de la moelle de Moïse et de Samuel, je ne pouvais être autre chose. Moïse fut et sera toujours le plus grand démocrate socialiste. Lui, le premier, a proclamé la République de droit divin, en disant au peuple : « Tu n'auras pas d'autre Dieu que moi (le mot Elohim veut dire en hébreu *Dieu et pouvoir*). » Témoin Samuel qui, quand le peuple juif lui demanda un roi, lui dit, au nom de Jéhovah : *Tu veux donc renier ton Dieu!* Et cette République était essentiellement socialiste. Moïse n'était pas communiste comme Jésus, puisqu'il partagea la terre de la Palestine entre les douze tribus, sans la permission d'aliéner la propriété que jusqu'au Jubilé; mais il frappa le riche d'un impôt, la dixième part du revenu pour le pauvre, le lévite et *l'étranger*. Outre cet impôt, il força le propriétaire d'abandonner aux pauvres, tous les ans, un coin de son champ, de sa vigne et de ses arbres fruitiers, la glane et le grappillage et tout ce que la terre produisait tous les sept ans, l'année de friche forcée. Si cette loi eût été exécutée en France, jamais le phylloxera n'eût détruit ses vignes. Or, le parti républicain pur et universitaire d'alors n'était pas socialiste, et les socialistes n'étaient pas républicains. Je n'étais pas une individualité assez marquante pour exercer une influence sur la presse d'alors; mais, dans mon rôle effacé, j'étais forcé de louvoyer entre le *National* et la *Démocratie*, entre la *Revue du Progrès* et la *Phalange*, et plus d'une fois j'employais mon peu d'influence à réconcilier des rédacteurs de ces deux partis. J'ai travaillé à la *Démocratie* et à la *Phalange*, dont les portes étaient assez larges pour recevoir tous les talents sincères. La critique sociale de Fourier est aussi originale qu'incisive. Mais je n'ai pas cru à la *Série* ni à la *Morale passionnelle*, qui me paraissaient de spirituels fantaisies. Certes, la passion est la locomotive de l'homme. C'est elle qui fait mouvoir la machine. Encore faut-il qu'il y ait une cheminée, et que la force motrice s'en décharge par de beaux panaches de vapeur blanche et non par la fumée noire.

Mais quoi? faites donc marcher une locomotive, si ardent que soit le foyer de la flamme, sans rails, sans mécanicien et sans piston de recul! Les rails ce sont les principes de justice, ce qui va droit; le mécanicien, c'est la raison, et le piston d'arrêt et de recul, c'est la mesure. Sans raison, l'homme n'est qu'une brute. Encore la brute sait-elle modérer sa passion, autrement elle ne serait pas la collaboratrice de l'homme. Aussi, n'ai-je jamais cru à l'avenir du fouriérisme et quand, après 1848, j'ai vu les phalanstériens faire cause commune avec les communistes, et les républicains purs se diviser, s'entre-dévorer pour des intérêts particuliers et des ambitions personnelles; quand je les ai vus, au lieu de se placer, au nom du devoir, les uns *derrière* les autres, pour que tous pussent arriver, se placer, au nom du droit, les uns *à côté* des autres (le monde n'est pas assez large) je me suis rappelé la princesse de Conti. Son laid mari, en la quittant, l'ayant priée de ne pas lui faire une infidélité, elle lui répondit : « Soyez sans inquiétude, je n'en ai l'envie que quand je vous vois. » Et je lui ai fait une infidélité! Mal m'en a pris. Je suis tombé, comme disent les Allemands, « de la pluie sous la gouttière ». Expression bien plus énergique que celle de Charybde en Scylla. M. de Genoude a su m'engager dans son parti de *l'appel au peuple* et de la légitimité avec les principes de quatre-vingt-neuf. M. de Genoude, le créateur du suffrage universel et de la réforme, était comme moi un *out-law* et un *hors cadre*, même dans son propre parti. Il était à l'apparence prêtre catholique gallican, mais au fait il était *déiste* comme moi. On ne traduit pas impunément la Bible. Et ce fut là l'attraction qu'il exerçait sur moi.

— Croyez-vous en Dieu? me demanda-t-il.
— Comme je crois à mon existence, lui répondis-je. — Et que pensez-vous de Jésus-Christ? — C'était, lui répondis-je, un prophète juif, un missionnaire. Si j'avais vécu de son temps, j'aurais été de son parti jusqu'à l'époque de saint Paul, qui fut un Jean

Journey réussi. Il se mit à rire. — Jésus, me dit-il, est le médiateur entre Dieu et l'humanité ! Appelons-le le missionnaire, ou Messie, si vous le voulez. Nous sommes tous des médiateurs, quand nous émettons quelques vérités divines. Vous êtes un médiateur et moi aussi; je prétends le devenir, si je ne le suis pas déjà. — Vous êtes mon homme, me dit de Genoude, et vous me remplacerez Châteaubriand. Le peu qui vous manque, je vous le donnerai. Vous avez un style biblique. Ce qu'il reste en vous de germain, je vous l'ôterai. Mais n'espérez pas, en entrant chez moi, de grands succès matériels. Préparez-vous, au contraire, à des déceptions et à des sacrifices. Quand j'ai fondé la *Gazette*, j'ai eu jusqu'à vingt mille abonnés. Une fortune ! Grâce aux jésuites, auxquels je fais une guerre acharnée, qui sont le cancer, non seulement de la catholicité, mais de la monarchie légitime, la *Gazette* n'a plus que trois mille abonnés. Vous aurez, dans mon journal, un grand succès politique et littéraire, mais ne comptez pas sur un profit pécuniaire que je ne puis vous donner ! Ce fut pour moi un attrait de plus. Plus j'entrais dans l'intimité de cet homme, plus mon admiration pour lui grandissait et se consolidait. Il avait groupé autour de lui toute une pléiade de jeunes gentilshommes et même de gentilles femmes, qui furent l'élite de la société du faubourg Saint-Germain d'alors. J'y ai passé les deux plus belles années de ma jeunesse. Mais bientôt, après la mort de M. de Genoude, et qui ne laissa pas de quoi l'enterrer, je m'aperçus que pour être légitimiste il fallait être catholique, non gallican, mais ultramontain.

Tout le parti de l'*appel au peuple*, avec les principes de quatre-vingt-neuf, était concentré dans les personnes de M. de Genoude et de son successeur, M. de Lourdeix; mais ce dernier n'avait ni l'ardeur ni le talent de son maître. Et, avec eux, long-temps avant la mort du comte de Chambord, est morte la légitimité, enveloppée dans son linceul jésuitique, et couchée dans le cercueil du *Syllabus*. Elle ne ressuscitera plus. Moi, qui vois les choses qui viennent vingt ans avant qu'elles arrivent, sans pour cela prévoir les événements du lendemain, parce que, dans la cause même, je vois l'effet inévitable qui, selon la loi de Dieu, n'arrive qu'au bout de vingt ans; à peine fus-je engagé dans ce parti, que j'en aper-

çus le vice rédhibitoire. *Ce vice, c'est le catholicisme !*

Toutes les nations qui ont conservé cette robe de Nessus périront, membre par membre ! Si j'avais été athée, j'aurais pu y rester. L'athée accepte toutes les croyances, pourvu qu'elles cadrent avec son intérêt. Ne rien croire ou croire tout, c'est tout un ! Et, de fait, la grande majorité des jésuites se recrutent parmi les athées. Il en fut de même du temps de l'Inquisition. Un juif qui se convertit est essentiellement un athée, et, pour s'en disculper, il faut qu'il fasse du zèle, au risque d'exterminer tous ses anciens coreligionnaires. De là vient que tout juif converti est un être antipathique, auquel personne ne se fie ni ne peut se fier. Mais étant déiste et déiste mosaïste, force me fut, à moins de renier mon Dieu, comme le dit le prophète Samuel. de reconnaître mon erreur et de retourner aux principes de quatre-vingt-neuf, que je croyais, un instant, compatibles avec la légitimité. Ces principes de quatre-vingt-neuf ne sont nullement une invention française. Ils sont, bel et bien, les principes de Moïse, séparés de ceux d'Esra, l'auteur du *Pentateuque actuel*, et qui y a introduit, lors de la réédification du second *temple*, toute une nouvelle religion de révélation personnelle, de miracles et de pardon par le grand prêtre, religion qui diffère autant de celle de Moïse que le premier christianisme du judaïsme. Si demain les juifs retournaient à Jérusalem, la religion qu'ils créeraient, sauf le principe de *Dieu un*, ne ressemblerait en rien aux prescriptions cérémonielles et aux croyances miraculeuses d'Esra !

Je ne suis pas un homme comme un autre. Je pardonne aisément les erreurs, voire les vices des autres, mais à moi je ne pardonne ni un vice ni une erreur. Les expiations volontaires que je me suis imposées, dès ma jeunesse frisent le ridicule. Après ma retraite silencieuse de la *Gazette*, j'ai considéré ma carrière politique brisée à tout jamais, et me suis retiré sous ma tente, refaisant toutes mes études par la lecture de tous les grands penseurs de toutes les nations. A mesure que je passais en revue les religions et les systèmes philosophiques de l'univers entier, je consignais mes observations et mes critiques. A côté de ces critiques, j'ai recueilli mes propres inspirations ! Si je n'étais pas sincère envers moi-même, je dirais mes propres méditations, mais la vérité est que je ne médite pas. Je ne cours jamais après une pensée. Les pensées sautent sur moi et me quittent de même. si je ne les retiens pas par la parole écrite. De là vient que je les appelle, peut-être à tort, *des révélations.* Je n'ai pas trouvé d'autre mot plus juste. Car d'où viennent-elles, sinon de mon imagination excitée? Et d'où vient l'imagination, sinon du Créateur? Elles ne me viennent, certes, pas d'un homme, ni d'un livre, ni de mon estomac, encore moins d'un singe ou des membres du conseil municipal de Paris, ses descendants!

Dès lors j'ai non seulement réglé ma vie sur ces idées qui toutes se tiennent logiquement, mais tous mes écrits depuis vingt-cinq ans n'en sont que des reflets, toutes les brochures que j'ai publiées sous l'Empire, où j'ai prédit presque littéralement les défaillances et les défaites de 1870, ne respirent que ces principes consignés dans ces révélations.

Ce que l'homme est, il faut qu'il le soit entièrement ou pas du tout! Non seulement j'ai dû les appliquer à l'histoire, qui est entièrement à refaire, mais à la littérature actuelle, au roman et au théâtre. Et si parfois j'ai été trop sévère, ce n'était certainement pas ma faute, mais la faute de la logique, qui n'admet pas de transaction, absolue. comme toute vérité, comme la loi de Dieu, comme Dieu lui-même!

Je n'ai jamais envié ni la gloire, ni la fortune, ni les honneurs, ni la popularité d'aucun de mes contemporains. Je pousse l'éloge jusqu'à l'admiration. Je ne connais pas la haine, qui me gênerait, étant toujours occupé d'un travail. J'admire surtout la femme, non seulement pour sa beauté qui est un don divin, mais pour la supériorité de son cœur. Il y a de la Jephta et de l'Iphigénie dans chaque femme. Vierge ou mère, elle est toujours un sacrifice vivant ; même vicieuse, elle est encore victime. Pour moi la femme est un être déchu d'un monde supérieur et qui est venu dans ce monde d'erreurs et d'horreurs pour son expiation, car, reine ou cuisinière, dès qu'elle aime, elle est servante!. Eh bien, par mes écrits, par mes jugements, je ne me suis fait que des ennemis. C'est qu'en prenant la plume je ne vois devant moi que Dieu et les vérités que je tiens de lui. Les hommes et mes intérêts disparaissent devant moi, comme des fantômes à l'aube du jour. Je ne crois pas, dans ma vie, avoir

écrit vingt lignes de pure complaisance ou dans une vue de succès et d'intérêt.

J'aurais pu, comme les autres, n'écrire que des romans et des pièces de théâtre. Rien ne m'eût été plus facile. Les romans que j'ai publiés et qui seuls m'ont rapporté quelques sous datent tous d'avant l'époque de ma transformation philosophique. De même certaines pièces de théâtre que je vais publier. Je considère ce genre de littérature comme d'un ordre secondaire. Qu'est-ce qui restera, en cent ans, de tout ce tas de guano de romans et de pièces d'adultères et de catinisme de nos célébrités de boulevard! Le jour viendra où l'homme qui proposera la reprise d'une pièce d'Alexandre Dumas fils, ou la lecture d'un roman de Flaubert ou de Zola et même de George Sand, sauf, peut-être, la *Mare au Diable*, imitation de mes romans de village, sera considéré comme un fou gâteux, digne d'être enfermé dans une cellule.

Cette situation donnée, mon public est forcément restreint. Les Français nés catholiques, sont ou monarchistes ou républicains. Les monarchistes sont des idolâtres, les républicains sont athées. Ceux qui ne sont pas réellement ce qu'ils paraissent être, le sont par tartufferie. Qu'on ose donc prononcer le mot de Dieu dans une de nos assemblés politiques et municipales ! Autant prononcer le mot de Soleil devant une assemblée d'Ombres, et les ombres, dès qu'elles veulent être indépendantes du Soleil, ne produisent que des ronces, des orties, des crapauds et des reptiles.

Quand dans un pamphlet je mords un ennemi, alors je suis un des leurs et ils m'applaudissent, mais dès que j'affirme le principe divin, ils font involontairement la croix et disent : *On voit bien qu'il est Juif !* Avec ce mot ils croient avoir tout dit. Oubliant que tout ce qui est bon, humain, libéral et civilisateur est sorti des juifs. Moïse, le plus grand mortel des temps passés et futurs, était juif. Jésus était juif ! Saint Paul, l'auteur du christianisme dogmatique, était juif! Philon, sans lequel l'Évangile de saint Jean n'eût jamais pu voir le jour, était juif ! Spinoza, espèce de Jésus panthéiste, chassant les marchands du temple philosophique, était juif. Les philosophes font des systèmes, les juifs font des religions. *Jéhuda,* juif, veut dire : Glorificateur de Dieu. Nulle religion en dehors du Judaïsme abstrait de Moïse ne durera. L'humanité ne saurait exister sans religion, et il n'y a pas d'autre religion possible que celle du prophète juif, s'écriant : « Un jour il n'y aura qu'un dieu, qu'une foi et qu'un peuple, *et ce sera Jéhovah-Un !* »

Quant aux juifs français, ils sont encore plus athées que les catholiques athées. Pour obtenir les suffrages des chrétiens athées, il ne leur suffit pas de n'être pas chrétiens, il faut encore qu'ils renient le Dieu de Moïse. Ce sont des poissons leurrés par des renards de quitter leurs rivières courantes, pour entrer dans des piairies marécageuses. Il ne me reste donc que quelques protestants libres penseurs et des déistes étrangers, plus nombreux qu'en France.

Ces sortes de livres ne paraissent d'ordinaire que dans des époques d'effondrement moral et de corruption matérielle. Ils passent inaperçus à la surface de la terre, mais ils s'y enfoncent pour prendre racine et pour germer. Puis, un jour, après des forts cataclysmes, on voit surgir une plante nouvelle avec des fleurs inconnues et des hommes nouveaux qui viennent cultiver cette plante pour la multiplier à l'infini ! Il en a été de même de toute vérité nouvelle. Je dis nouvelle, comme conséquence sociale. Il n'y a, au fond, qu'une seule vérité, aussi vieille que la création. Toute vérité nouvelle n'est qu'une conséquence logique tirée d'une ancienne vérité. Car, comme Dieu contient en lui toutes les lois de la nature, la vérité absolue contient en elle toutes les vérités subsidiaires que les hommes en tireront, en pénétrant plus avant dans son essence. Seulement comme il n'y a pas de lumière sans ombre, il n'y a pas de vérité sans erreur. Souvent ces ombres de la vérité ont un attrait plus fort que la vérité même. Ce qui fait que beaucoup d'œuvres spirituelles plaisent plus par leurs défauts que par leurs qualités.

Ce livre donc contient forcément des erreurs ; mais à côté d'erreurs-ombres, il contient j'en suis sûr, nombre de vérités-soleils, indispensables à l'avenir du genre humain !

Qu'en savez-vous ? me dira-t-on. Vous croyez donc être supérieur, par votre esprit, à tout le monde ! — Qui, tout le monde ? Paris, peut-être ! Paris qui, quand il va aux élections, et qui ne devrait élire que des hommes de talent et d'honneur éprouvés, à quelques rares exceptions près, n'élit que des gredins et des crétins ! *Quorum renuissem patres eorum,* a dit Job, *ponere cum canibus pecoris mei* (Job, chap. XXX). Celui qui a dit que tout le monde avait plus d'esprit que Voltaire était un sot fieffé. Tout le monde a existé longtemps avant Voltaire. Il a laissé brûler dix-huit millions d'êtres humains pour n'avoir pas cru que Dieu s'est fait engendrer juif par son propre Esprit, afin de se faire pendre et de racheter un tas de gueux de Gentils, ennemis de son peuple, qui, rachetés, étaient cinquante fois plus gueux, plus cruels et plus ignorants encore que ceux qui n'ont pas voulu se laisser rédimer par le fils d'une juive et par un rabbinot converti.

Ce *tout le monde* avait-il plus d'esprit que Voltaire, auquel le dix-neuvième siècle doit la tolérance et la liberté de conscience ? Eh bien, non ! Tout le monde n'a pas plus d'esprit que moi ! !

Un jour, Lessing, entrant dans un salon, oublia de faire un salut à un riche fermier général, se disant noble d'origine et très fier de sa personne. — Vous me croyez donc votre égal ? s'écria celui-ci, parce que vous faites des pamphlets ? — Votre égal, répondit Lessing, j'ai pour le moins autant d'esprit que vous avez d'écus. Et tenez, avec cette pièce de deux sous, j'ai autant de fortune que vous avez d'esprit.

Alexandre WEILL.

LA

MISSION NOUVELLE

PRÉLIMINAIRES

I

Depuis que je pense, dès la plus tendre jeunesse, je me suis demandé pourquoi je suis au monde, au milieu de tant d'êtres qui devaient se faire la même question, et quel était le but de l'homme dans cette vie? On m'a de bonne heure appris à tout rapporter à Dieu, à le remercier tous les jours de m'avoir créé, mais dans le fin fond de mon cœur je ne lui en savais aucun gré. J'avais beau me creuser la tête et chercher à m'expliquer, non seulement les rapports de l'homme avec Dieu, mais les lois de Dieu même, je me heurtais partout contre des incompréhensibilités. Je me rappelle très bien qu'à l'âge de cinq ans mon maître d'école m'ayant fait traduire la première ligne du Pentateuque : « Au commencement Dieu créa le ciel et la terre, » je lui demandai : Et qu'a-t-il fait avant de créer le ciel et la terre ? Il n'a jamais su me répondre, ni ma mère non plus, et je n'ai ni mangé ni dormi pendant huit jours, ne pouvant pas me rendre compte d'un commencement de création par un créateur qui commence avec son commencement, ce que les philosophes appellent : une cause en même temps effet. Les soucis du corps, les maladies et le besoin de vivre ne m'ont jamais entièrement pu soustraire aux angoisses de l'âme, bien autrement poignantes que les tracas de la vie, attendu que le corps trouve tous les jours des aliments de nourriture, qu'il n'est pas forcé de créer lui-même, tandis que l'esprit est obligé de créer lui-même les aliments pour satisfaire sa faim d'apprendre et de comprendre. Pendant quelques années, j'ai trouvé cette nourriture spirituelle dans une piété mystique. J'appris que l'homme, n'importe à quel âge, est au monde pour aimer et adorer Dieu; que l'homme devait, de bonne heure, s'exercer à sacrifier les désirs du corps aux lois de l'âme, qui ont été dictées par Dieu même dans sa révélation à Moïse, auquel il avait parlé, bouche à bouche et face à face ; que l'homme enfin n'avait d'autre but sur cette terre que de gagner le ciel et le paradis après sa mort, qui peut venir à toute heure, et que je voyais en effet s'abattre sur les jeunes existences autour de moi. Que si l'homme violait une de ces lois, très nombreuses d'ailleurs, celles des Rabbins étant aussi obligatoires que celles de Moïse, il descendrait dans la Gehenne, dévoré par des serpents ou brûlé par des démons de feu et voué à des peines inénarrables.

Cet état de l'âme dans un corps jeune a une certaine douceur. On se sent grandir, on s'élève au-dessus de ses semblables, croupissant dans l'ignorance et dans les sales satisfactions de la chair, car bien que trop jeune encore pour l'amour de la femme, on n'est jamais trop jeune pour les plaisirs de la table et du luxe. Que de fois j'ai jeûné des journées entières, restant en prières pendant de longues heures, fier de ma piété ! Je me disais : Dieu qui me voit sera content de moi, et tout de suite l'esprit de critique en moi ajouta, s'il n'est pas content, il sera bien difficile à contenter ! Je caressais mon âme comme celle d'un petit saint, et à force de dévotions, les autres aussi me traitaient en saint, ce qui rehaussait mon orgueil et me fit comprendre dans ma sincérité que ma piété plaisait à mon orgueil plutôt qu'à Dieu lui-même.

Il y eut un intervalle dans cet état. Forcé de me soumettre à de pénibles travaux par ordre de mon père, je n'eus plus le temps de m'abandonner à mes rêveries, ni de pratiquer mes dévotions, bien que je fusse de plus en plus pieux, fidèle au Dieu de Moïse et du Talmud, et que je n'eusse pas trangressé une de ces lois au risque de mourir. J'aurais aussi bien, comme un des fils de la mère Machabée, préféré la mort plutôt que de manger un morceau de la viande de porc, et tout en faisant le métier de galérien d'un marchand de bestiaux, je ne songeais qu'à m'échapper pour continuer mes études, m'abandonner à mes méditations, et pour trouver la clef qui ouvre le sanctuaire de Dieu et la raison d'avoir créé l'homme et le monde.

Avec l'adolescence, ces rêves philosophiques se transformèrent en rêves poétiques. Moins que jamais la matière n'eut de prise sur moi. Je savais me priver du manger et du boire, d'abord pour l'amour de Dieu et puis pour l'amour de mon orgueil, mais alors surgit en moi une soif inextinguible d'amour. Je savais que Dieu exigeait la pureté et la chasteté. On m'eut broyé plutôt que de toucher le doigt d'une femme mariée, amour sur lequel Moïse, par la bouche de Dieu, met la peine de mort. Mais dans mes rêves poétiques, j'escaladais les hauteurs de l'Empirée et me voyais aimé et adoré par toutes les vierges que je rencontrais sur mon passage et dans le monde que je fréquentais. Pourtant cet amour n'eut rien de matériel. J'avais étudié les proverbes de Salomon, qui n'ont qu'un but : empêcher le jeune homme de tomber dans les embûches de la courtisane, et toute jeune fille qui eût violé sa chasteté eût été à mes yeux une courtisane. Ces luttes pourtant étaient aussi insensées que dangereuses, car j'avais une constitution exubérante, et tout contact de femme, tout regard, me mettaient dans des extases presque ridicules, au point que je fus forcé de renoncer à aller dîner tous les huit jours dans une maison — en ma qualité d'étudiant rabbinique, j'avais mes sept dîners tous les jours dans une autre maison — où il y avait plusieurs jolies jeunes filles et où un jour je me pâmai et me trouvai mal, à force de me faire violence. Peu à peu, je pouvais me plonger de nouveau dans mes méditations philosophiques, au point de négliger l'étude du Talmud pour les traités de morale philosophique des rabbins du moyen âge ; et j'avoue que plus je m'abîmais dans ces dissertations, plus je m'éloignais du but que je cherchais, plus je fus jeté malgré moi à l'autre bout du doute et de l'irréligion.

Ces doutes, j'allais dire ces blasphèmes, augmentaient dans mon cœur de jour en jour, surtout depuis que je m'étais voué à l'étude des langues profanes, français, allemand, grec, latin, anglais et italien, qu'il me fallait savoir, les unes pour mon état de rabbin, les autres pour ma soif poétique ; langues que j'apprenais en étudiant les grands penseurs et les grands poètes qui y ont écrit leurs chefs-d'œuvre. Ces études de plusieurs années me jetèrent d'un bond hors des livres sacrés de la théologie juive ; mais j'avoue qu'après avoir lu tous les grands poètes de l'antiquité et des temps modernes, qu'après avoir lu Platon, Aristote, Plutarque, Cicéron, Sénèque, Descartes, Spinoza, Leibnitz, Malebranche, Montaigne, Voltaire, Rousseau, Kant et même Hegel, après les avoir dans mon esprit comparés à Maimonide, à Raschi, à Halévy, à l'Ekorim, au Kousri, à Abrabanel, à Mendelson et à plusieurs auteurs juifs modernes, je ne me trouvais pas avancé d'un pas. Je n'étais plus religieux, j'avais rejeté toutes les lois traditionnelles du Talmud, je niais ouvertement la révélation personnelle de Jéhovah à Moïse, à plus forte raison la divinité de Jésus ; et plongé dans la lecture et dans l'admiration de nos poètes modernes, je me rangeais sous la bannière des émancipateurs de la chair, sans toutefois pouvoir admettre l'art pour l'art, et vivant au jour le jour, comme un chrétien paganisé, plutôt que comme un païen judaïsé par le christianisme, courant après la gloire monnayée du succès littéraire par l'esprit railleur et sceptique dont j'avais une forte dose à revendre.

Mais cet état de choses ne dura pas longtemps, la théologie ayant été la base de mes études, l'idée de Dieu resta au fond malgré que j'en eusse. J'avais beau la noyer dans un spinozisme panthéiste, idée qu'à l'âge de treize ans j'avais trouvée dans *la Cabale, la substance une* ne pouvait détruire en moi le détachement de la substance Dieu. J'avais beau étudier Hegel, que je ne comprenais pas, lire et relire Kant, qui me paraissait également bien obscur, lire et relire Platon et Plutarque, lire et relire encore Mendelson, Descartes, Fénelon, le plus grand philosophe et le plus profond penseur du dix-septième siècle, Pascal, Malebranche, Luther et Calvin, Munzer et Zwingly, puis les nombreux historiens depuis Thucydide jusqu'à Jean Miller, depuis Rollin jusqu'à Thiers (car j'ai tout lu Je n'ai jamais déjeuné ni dîné sans un livre sur la table jusqu'à l'âge de vingt-sept ans, et cela nuit et jour, au milieu des amours les plus violentes), il y a dans le monde des pensées, depuis Moïse jusqu'à Kant, des questions insolubles, des causes impénétrables à la raison, des contradictions flagrantes et irréconciliables, qui n'ont jamais été ni expliquées par la raison, ni rendues intelligibles par la logique ! On a beau en combler les crevasses spirituelles par les ciments coloriés de la poésie, ou en cacher les fêlures sous le mastic ténébreux de la superstition, rien n'y tient ! Crevasses et fêlures reparaissent toujours comme des taches indélébiles. On dirait de vivants fantômes qui, d'un coup d'aile démoniaque, renversent tous les obstacles et les font rentrer dans le domaine de l'imagination sans raison et de l'hypothèse sans logique ! Ces doutes et ces contradictions de tous les systèmes philosophiques et de toutes les religions (car toute religion est un système philosophique mis en morale pratique, de même toute philosophie est une religion élevée en système théorique), les voici tels qu'ils ont surgi dans mon esprit et dans ma raison, et j'oserai dire dans tous les esprits, dans toutes les raisons des penseurs de bonne foi !

II

Admettons Dieu. C'est un mot. Qu'on l'appelle Jéhovah ou Schadaï, Jésus ou Allah, Gott, God ou Éternel, Créateur, l'Infini, l'Absolu, Force créatrice, Force autonome, Justice en soi ou la Loi tout court, c'est toujours la même chose, une force créatrice qui s'est créée elle-même, autrement on se demanderait qui a créé le Créateur! C'est un mystère impénétrable à la raison, mais elle peut l'énoncer. C'est déjà quelque chose. On ne saurait l'admettre autrement. *Une Cause qui est en même temps Effet.* Des milliers de volumes ont été écrits pour expliquer ce mystère. En vain ! aucun n'a su l'expliquer ! Mais puisque la créature existe, puisque l'Univers et la créature existants nous crèvent les yeux, on ne peut nier une force créatrice, car si la nature s'était créée elle-même, ce serait alors elle qui serait Dieu ! Quelques peuples ont adoré le Soleil comme force créatrice; pourquoi pas? Son influence sur toutes les créatures est manifeste. Il est vrai qu'en ce cas il faudrait lui attribuer une volonté libre, ce qu'il n'a pas, puisque ses mouvements sont réglés et ne varient jamais ! Sur ce point toute discussion serait oiseuse. Et puisque la raison peut énoncer l'idée d'une *cause en même temps effet,* et qu'il n'y a pas de force créatrice imaginable sans cette idée, elle doit exister, bien qu'elle échappe à la logique de la raison, qui doit émaner de la même force créatrice et qui pour ce cas se trouve défaillante et incomplète (1).

Ce prolégomène admis (il me fallait des années entières pour l'admettre), les difficultés ne font que grandir et s'amas-

(1) Le Talmud dit : « La plus grande sagesse de Dieu, c'est de l'avoir cachée à la raison de l'homme. »

ser en montagnes devant la raison, toujours fille et créature de la force créatrice, qui se discute elle-même, en d'autres termes, qui doute d'elle-même.

Admettons Dieu, créateur de tous les êtres existants. Les uns, et c'est le plus grand nombre, se le présentent tout-puissant, omniscient et ubiquiste. Sans ces attributs, il ne serait pas Dieu. Il a créé des lois, mais il peut les *décréer,* en interrompre le cours, les violer, et gouverner par des coups de théâtre qui, en termes religieux, s'appellent *Miracles.* Restons d'abord dans cette donnée. Ne cherchons pas de nier sa toute-puissance, en critiquant son œuvre qu'on pouvait trouver mal faite. Si mal faite qu'elle soit, il faut une grande puissance, au-dessus de tous les pouvoirs humains connus, pour la créer. Mais étant tout-puissant, il est aussi omniscient. Il ne sait pas seulement ce qui s'est passé, mais ce qui va se passer. Il sait d'avance ce que tel, roi ou pâtre, va faire, dans le bien ou dans le mal. Alors, si cet homme commet des crimes, pourquoi, avec sa toute-puissance, Dieu ne l'empêche-t-il pas de les commettre? Ah ! répond-on, Dieu laisse la liberté à l'homme d'être vertueux ou vicieux, tout en sachant d'avance ce qu'il va faire. En ce cas, cet homme n'est pas responsable. Car s'il peut changer d'avis au dernier moment, il a mis la prescience de Dieu en défaut, et s'il ne peut pas changer son action parce que Dieu sait qu'il va la faire, il n'est pas responsable, il a été créé pour la faire et *c'était écrit,* comme on a l'habitude de le dire. La liberté de l'homme est absolument incompatible avec la prescience de son Créateur, au moins avec l'idée de châtiment pour le mal et de récompense pour le bien. Voyez-vous un père qui dit à son enfant: je savais que tu allais commettre ce crime. — Alors, répond le fils, pourquoi ne m'as-tu pas empêché de le commettre?—C'est que j'ai voulu te laisser ta liberté. — Si j'ai ma liberté, tu n'as plus la tienne de m'empêcher de le commettre ! — Si fait, mais je n'ai pas voulu. — Alors, tu es un mauvais père. Ou tu n'avais pas la toute-puissance sur ma mauvaise volonté, ou tu n'en avais pas la prescience. Dans le premier cas, tu es un mauvais créateur; dans le second cas, tu n'es pas Dieu et je n'ai aucun compte à te rendre. Impossible de sortir de ce dilemme, malgré toutes les arguties que les prêtres de toutes les religions ont entassées les unes sur les autres. Nous verrons tout à l'heure le mensonge de la grâce, inventé à ce sujet, et qui ne se tient pas debout devant la critique de la raison.

III·

Si Dieu est tout-puissant, il pouvait ne pas créer le mal. Alors pourquoi l'a-t-il créé? Ah! dit-on, le mal n'est que l'ombre du bien, et comme il n'y a pas de lumière sans ombre, il n'y a pas non plus de bien sans mal. Tout d'abord la toute-puissance, si elle existe, aurait dû créer de la lumière sans ombre et du bien sans mal; si elle ne l'a pas fait, c'est qu'elle n'a pas pu, c'est qu'elle a des lois absolues qu'elle ne peut ni violer, ni franchir; mais en ce cas, elle n'est plus la toute-puissance.

D'autres, pour éviter cette contradiction capitale, admettent un Dieu particulier pour le mal. Les Persans ont un Dieu des lumières et un Dieu des ténèbres. Mais l'idée dualiste est contraire à la logique de la raison, aux lois de la création.

Si le dieu du mal est égal au dieu du bien, s'il est autonome, alors il est incompréhensible qu'il se soit créé pour le mal. Quand on a ce pouvoir autocréateur, on ne l'emploie pas pour le mal, la laideur, les ténèbres et les tortures. Ce serait le plus misérable des dieux, et il ne lu resterait qu'à employer sa force mirac leuse pour se détruire lui-même par u suicide.

Le mal, d'ailleurs, est toujours un e fet et jamais une cause. Il est en soi un négation du bien, un manque de vert et de devoir. Car s'il était cause ou auto cratique, il se détruirait forcément so même, comme il le fait dans la nature. ne peut exister que comme oppositio passagère au bien. Dès qu'il voudra s'affermir et gouverner, il disparaîtra dans son propre néant et ne serait qu fumée et cendres. La torche incendiair disparaît toujours dans l'incendie.

Le Dieu du mal, s'il existait, ne sera donc qu'un Dieu subalterne, secondair un démon de douleur et de mort, u Satan, ce qui veut dire Empêcheur o Gêneur ou encore le Diable, soumis a Dieu du bien et lui faisant une espèc d'opposition passagère. Soit! Ce Die subalterne, d'après la légende, se révol de temps en temps contre son maître voudrait gouverner seul, comme ce existe dans la société humaine; mais il e toujours vaincu, autrement le monde n pourrait exister. C'est bien là l'idée qu je viens d'énoncer : le mal ne saurait êt autonome. Un créateur tout-puissa n'est pas pensable, pour peu qu'il emplo sa volonté infinie à créer le mal.

Mais alors de deux choses l'une. S Dieu est tout-puissant, il peut, ou ne p permettre qu'un Satan existe pour fai du mal, ou, s'il existe par une cause i dépendante de lui, il peut le détruire e le faire rentrer dans le néant.

Alors, ou Dieu qui a créé le mal, ou démon qui le représente, n'est pas tou puissant, car à quoi sert le pouvoir de to faire et faire faire pour laisser faire gr tuitement d██████, ou bien, s'il n'est pa tout-puissa██████ n'est pas Dieu; car o n'est pas D████ quand on ne peut p créer le bien sans le laisser neutralis par un démon du mal.

Ah! répond-on, il a créé ou laissé créer le mal comme châtiment pour le méchant, car comment punir un pécheur ou un malfaiteur, sinon par des tourments, des douleurs et des malheurs provoqués par le démon du mal! Il a créé le bien pour le bon et le mal pour le méchant. Étant, avant tout, juste, sa toute-puissance a créé les éléments pour exercer cette justice, et c'est pourquoi il a donné la liberté à l'homme! Bien. Nous arrivons là à la question brûlante de toute philosophie et de toute religion, qui jusqu'à ce jour a brûlé et mis à néant tous les systèmes sur Dieu et l'homme.

D'abord, si le mal n'a été créé que pour punir l'homme de son mauvais usage de la liberté, pourquoi des êtres qui n'ont pas la liberté du bien et du mal souffrent-ils et sont-ils exposés à toutes les douleurs de la matière? Puis, et voici venir l'os à ronger de tous les théologiens et de tous les philosophes dont je viens de parler; pourquoi, dans ce cas, le juste est-il malheureux sur la terre, et pourquoi l'homme injuste est-il heureux, dont quelques-uns jusqu'à leur mort? Pourquoi les innocents payent-ils pour les coupables? Pourquoi y a-t-il une solidarité entre tous les êtres dont les souffrances sont égales, qu'ils soient coupables ou non? Le livre de Job, ni Prométhée, ni aucun livre (et ils s'appellent légion), n'ont su donner une réponse satisfaisante à cette question brûlante. La grande majorité des rabbins et des prêtres chrétiens et musulmans ont échappé par la tangente, en disant que Dieu récompensera doublement les justes dans un autre monde paradisiaque, et qu'il punira triplement les méchants dans une géhenne de feux. C'est possible. C'est une lettre de change qui n'a jamais été endossée. Qu'en savent-ils?

En fussent-ils sûrs même, ce serait encore un singulier Dieu, qui ne peut être juste que dans un autre monde! Il ferait bien mieux, s'il est vrai qu'il soit tout-puissant, de commencer par celui-ci et de le gouverner avec la justice. Si le bien de l'autre monde n'est fait que pour récompenser le bien fait dans ce monde-ci, le mal de l'autre monde devrait y rester aussi pour punir le mal de ce monde-ci. Il ne devrait y avoir dans ce bas monde ni récompense ni châtiment. Seulement, le bien ne devrait en aucune manière être payé comptant par le mal, ni le mal par le bien. C'est, d'ailleurs, un Créateur plus que défectueux qui crée un autre monde parfait et qui crée celui-ci tellement imparfait, qu'on dirait que les deux ne sont pas du même Créateur. *Cela serait admissible seulement en cas que Dieu n'eût point créé le mal.* Il se peut qu'un créateur crée différentes créatures dont les unes sont inférieures aux autres, mais qui toutes auraient la griffe de l'auteur. S'il n'a pu créer un monde sans mal, toutes ses créations de tous les mondes auraient ce défaut, et, s'il est parvenu à être parfaitement juste pour ses créatures d'un monde, il le serait aussi pour toutes ses autres créatures.

On dit encore que l'autre monde est comme celui-ci. Seulement les coupables de l'autre monde expient dans le nôtre, et les justes de ce monde-ci sont récompensés dans l'autre. Bel échange! Si Dieu peut être juste par transportation d'un monde à l'autre, pourquoi ne l'est-il pas pour chaque monde lui-même. S'il le peut et ne le fait pas, c'est un dieu capricieux; s'il ne le peut pas, il n'est pas tout-puissant.

IV

D'autres donnent à Dieu pour attribut principal l'amour. Dieu a créé le monde et ses créatures par amour. Il est tout amour. Seulement, comme tous les hommes sont plutôt méchants que bons, et que la haine plutôt que l'amour domine le monde, ils ont inventé le péché originel d'un seul homme (il est vrai que c'est le premier), ce qui fait que tous les hommes souffrent en vertu de l'hérédité et de la solidarité universelle. Dieu savait bien que l'homme pécherait, puisqu'il l'a créé pécheur, mais il lui a tout de même laissé la liberté, en disant : tant pis pour toi et les tiens ! Il est vrai qu'il aurait pu le créer autrement ; mais enfin il n'a pas voulu. L'amour est capricieux. Et la preuve que ce Dieu n'est que caprice et arbitraire, c'est qu'après avoir laissé croupir les hommes dans le péché et la haine pendant trois mille ans, il les a rachetés par la mort et la souffrance d'un autre homme qui, à lui seul, a expié pour tous les autres. C'est bien calculé. Les autres ont tous expié pour Adam ; il est de toute justice qu'un nouvel Adam, Jésus, expie pour tous les autres ! C'est un rendu pour un prêté ! Seulement, les humains n'étaient pas plus malheureux après le péché d'Adam, et, par contre, ils n'étaient certes pas plus heureux après l'expiation de Jésus ! L'amour n'a pas disparu par le péché d'Adam, et jamais la haine n'a tant gouverné le monde qu'après le rachat de Jésus. Laissons là ces billevesées. Jamais penseur de l'antiquité n'eût pu inventer un système philosophique ou religieux pareil, reposant sur la démence et le crétinisme de l'esprit humain. Ce n'est ni une philosophie ni une religion, c'est une démence, une éclipse totale de la raison humaine et de la logique divine !

V

Voyons maintenant le système de la grâce. Dieu laisse la liberté à l'homme, bien qu'il sache d'avance l'usage qu'il en fera ; mais à celui qui en fera bon usage ou qui, ayant failli, revient au bien, Dieu accorde la grâce, soit par une raison éclairée qu'il lui a octroyée dès la naissance, soit par une inspiration soudaine et miraculeuse. Ceci admis, le Créateur est un artiste capricieux qui a ses œuvres préférées et d'autres qu'il met au rebut. Il a des esquisses d'hommes, des bonshommes dessinés au crayon en deux traits, des caricatures et des portraits fouillés qu'il met à la place d'honneur dans son grand palais. Il est toujours tout-puissant, mais il n'est pas tout-voulant. Il favorise les uns et néglige les autres, sans raison ni justice. Est-ce juste ? Qu'est-ce que les uns lui ont fait pour être déshérités aux dépens des autres ? Lui ont-ils demandé de naître et de vivre ? Un artiste, après tout, n'est pas tout-puissant. Il mourrait à la peine, s'il ne créait que des chefs-d'œuvre ! C'est un homme, une force limitée ; mais qu'est-ce qu'un dieu qui ne peut pas ce qu'il veut, ou qui ne veut pas ce qu'il peut ? Un Jupiter manchot ! Un homme surfait et déifié. En effet, tous les dieux inventés jusqu'à ce jour sont des hommes plus ou moins grands et parfaits, déifiés par d'autres hommes, admirant leurs qualités supérieures qu'ils ne peuvent atteindre et qu'ils adorent comme des attributs divins. De là ces éternelles contradictions qui rendent toute idée de Dieu impossible, ou se détruisant elle-même, dès qu'on y applique le mètre de la logique et de la raison pure.

S'il était admissible qu'un créateur capricieux, en dehors de toute idée de justice, accordât une grâce particulière à certains élus, afin que non seulement ils ne péchassent pas, mais encore afin qu'après avoir péché ils trouvassent la grâce de se repentir et de revenir au bien, et dans ce système, un repenti, dit-on, vaut soixante-dix justes, ce qui n'est guère consolant pour les justes, les personnes privées de cette grâce seraient débarrassées de toute responsabilité et pourraient pêcher à leur aise, sans encourir la moindre peine méritée ! Eh quoi ! diraient-elles, en cas qu'un justicier quelconque les traduisît devant un tribunal, ce n'est pas notre faute si nous n'avons pas été vertueux, si nous n'avons pas aspiré à la perfection, si nous n'avons pu quitter l'état de pécheurs. On nous a refusé la grâce à cet effet. Autant reprocher à un homme sans jambes de ne pas pouvoir marcher ! Encore y a-t-il des béquilles ou des jambes de bois ; mais sans grâce il n'y a ni raison, ni vertu, ni volonté. La grâce, dans ce système, est la lumière qui à la fois éclaire la conscience et qui, comme chaleur, met en mouvement la volonté. Non seulement l'homme sans grâce est impuissant pour le bien, mais encore il n'est pas responsable pour le mal qu'il fait. Ce n'est plus une créature de Dieu, mais un bâtard du diable. Aussi, dans ce système, les hommes pleins de grâce ont-ils créé l'esclavage et le servage pour leurs semblables *disgrâciés*. Pour les subjuguer sur la terre et dans le ciel ils ont créé l'enfer, pour lui arracher les décrets de despotisme et de tyrannie. C'est si commode de s'emparer de tous les biens de la terre au nom du ciel et d'en priver tous les faibles par avancement d'hoirie ! Heureusement pour l'humanité que la soi-disant grâce du ciel a souvent abandonné les oppresseurs qui croyaient en avoir le privilège, pour se placer sur les têtes des opprimés disgrâciés. Mais à peine la guerre déclarée, car avec ce système c'est la guerre en permanence, à peine la victoire décidée, les vainqueurs, à leur tour, appliquent leur système aux vaincus, jusqu'à ce que d'erreur en erreur et d'horreur en horreur ils tombent eux-mêmes victimes de la grâce. C'est comme l'amour du christianisme, qui n'a produit que des haines. Que de jolis mots pour de vilaines choses ! Et dire que toute l'histoire des humains ne roule que sur ces mots et sur ces choses !

Il faut rendre justice aux rabbins, ils ont répudié la grâce. Ils ont dit : *Tout est dans la main de Dieu, excepté la crainte de Dieu !* C'est-à-dire l'accomplissement de ses lois.

L'homme, disent-ils, est libre d'être vertueux ou vicieux, de faire le bien ou le mal. Soit ! Mais alors Dieu ne l'est pas, et sans liberté et toute puissance il n'y a pas de dieu dans aucune religion, dans aucun système philosophique connu ! Car si Dieu est libre de créer l'homme comme il veut, il serait le dernier des artistes de ne pas créer tous les hommes bons, vertueux et bienfaisants. Il serait le vassal d'un dieu du mal ou d'un Satan quelconque, et le monde alors ne serait qu'un enfer avec un sous-dieu de bien impuissant, d'où il faudrait sortir au plus vite, n'importe par quel moyen. Toutes les réponses des prêtres ne sont que de misérables arguties qui ne répondent à aucune objection logique et qui ne sauraient aplanir aucune contradiction. N'y eût-il qu'une seule contradiction en Dieu et dans l'homme, l'un ou l'autre ne saurait exister, du moins l'un à côté de l'autre.

VI

Mêmes contradictions, même illogicité dans le système panthéiste. Selon le panthéiste, le créateur et la créature sont *un* et indivisible, *natura naturans,* et d'une substance *une* et indivisible. Certes, dans toute créature il doit y avoir une part du créateur ; à toute œuvre on reconnaît l'ouvrier. Il n'est pas nécessaire non plus que toutes les créatures soient égales les unes aux autres, que toutes les œuvres se ressemblent. A côté d'un chef-d'œuvre, un maître ouvrier peut créer de simples esquisses, des croquis et même des caricatures ; mais c'est l'effet de la volonté libre de l'ouvrier et non l'effet d'une action involontaire. Ils pourraient être d'une substance une, mais *divisée*, ce qu'ils sont en effet. Or, selon le système panthéiste, le créateur inconscient vit et progresse par la créature. C'est par elle que se manifeste la grandeur et le perfectionnement du créateur. Le créateur ne serait rien sans la créature, il ne se révèle que par elle et involontairement, il ne pourrait pas ne pas créer; partant, nous arrivons forcément à l'absurdité que la créature est non seulement l'égale du créateur, mais sa supérieure. Il n'est pas d'enfant sans père. Soit! C'est l'enfant qui accuse la paternité du père. Il est vrai que pour être père il faut une mère, et le panthéiste ne s'explique pas sur le genre d'une nature créatrice, comment elle manifeste sa puissance de créer. Il ne constate que la substance une, c'est-à-dire en niant la matière comme créée et l'esprit comme créateur. La matière est créatrice au même rang que l'esprit, et l'esprit se crée au même degré que la matière, tous deux n'en faisant qu'*une* substance, qu'un mouvement avec la puissance de se créer éternellement par des transformations permanentes. Ces mots sont tous contraires à la raison. Admettons une force sans liberté, sans volonté, sans justice qui *se crée en créant*. Mais alors elle est forcément égale à elle dans toutes ses créations, à moins d'admettre qu'elle se soit affaiblie dans ses premières créations, et qu'épuisée elle ne crée plus que des monstres, des idiots et des bêtes. Mais où prend-elle de nouvelles forces pour créer toujours des chefs-d'œuvre? Que si elle continue à produire toujours les mêmes espèces, de différentes forces, c'est qu'alors elle a une volonté et une liberté. En ce cas, elle est supérieure aux forces créées et n'est plus *une*, ni identique avec elles. *Alors donc tout n'est pas Dieu, bien que Dieu puisse être en tout.* Mais ce n'est plus le panthéisme. Le déiste ne nie pas qu'il n'y ait une partie de Dieu en toute créature, puisqu'il met en tout une dose spirituelle qui vient de Dieu; il nie seulement la divinité de la matière et son égalité avec l'esprit créateur, tandis que le panthéiste affirme que tout est Dieu au même titre; que la matière, faisant corps avec l'esprit, se crée elle-même et manifeste sa divinité par cette création permanente.

VII

Autre impossibilité. Selon la logique du panthéiste Spinoza, la *nature naturante* crée inconsciemment le bon et le mauvais, le juste et le méchant, le beau et le laid, le pair et l'impair, la lumière et l'ombre, la voyelle et la consonne. On appelle cela le monde majeur et le monde mineur. Deux modes qui se trouvent dans la musique, qui ont chacun leurs qualités et leurs défauts et qui produisent l'harmonie par leurs dissonances mêmes. Si donc un homme est honnête, né dans un monde majeur, ce n'est pas par sa volonté ou sa liberté, mais par sa naissance et par son existence en mode majeur. Il est né vertueux ou vicieux, juste ou injuste, beau ou laid. S'il est honnête, il ne peut pas ne pas l'être, il l'est malgré lui, dût-il souffrir tous les martyres par son honnêteté. S'il est né vicieux, dans le mode mineur, c'est qu'il ne peut pas ne pas être vicieux, tout au plus peut-il, par son contraste, contribuer à faire ressortir les vertus de son mode majeur à côté de lui. Il est né *contraste* ou *ombre*, pour faire ressortir la beauté de la lumière. Et, pour être logique, comme l'ombre ne peut pas être accusée de n'être pas la lumière même, ainsi le vice ne saurait être condamné pour n'être pas la vertu. Il n'existe pas en soi, il n'est qu'un contraste mineur de la vertu majeure. La vertu est malheureuse, tant pis pour elle ! Elle ne peut pas être le vice triomphant, même si elle le voulait. Le vice est quelquefois heureux, mais qui nous dit que l'ombre n'est pas plus heureuse que la lumière, la nuit que le jour et le laid que le beau ? Il n'y a ni châtiment ni récompense préconçus, puisqu'il n'y a ni volonté ni liberté. Il n'y a qu'une harmonie d'ensemble aux dépens des parties. Seulement selon ce système, l'homme, bon malgré lui, juste malgré lui, vertueux malgré lui, loin d'être supérieur en quoi que ce soit à l'homme mauvais, injuste et laid, n'est que sa contre-partie, son vis-à-vis, son mode majeur, parfois son souffre-douleur. La nature est une force créatrice injuste dont le fort dévore le faible. C'est cruel, idiot. Soit ! c'est comme cela. Il n'y a rien à faire. Se tuer ? Mais la *nature naturante* vous jette dans un de ses moules, à la fois créant et créé, elle ne vous lâche pas et vous aurez la malchance de naître encore plus honnête, plus vertueux et par conséquent plus malheureux. Tout est fatal, non par une volonté supérieure qui l'a voulu, qui l'a écrit, mais par une force naturante combattante, qui crée les uns pour les autres, sans jamais avoir la conscience de ce qu'elle fait, ni un sentiment de justice pour ce qu'elle va faire.

C'est littéralement le monde renversé. *Une maison de gens raisonnables gouvernée par des fous.* La nature, en effet, ne serait plus qu'une force en démence, créant de malhonnêtes gens et ayant des moments lucides où elle crée des idiots destinés à être vertueux et voués au malheur. Ce serait très drôle, si cela n'était pas odieux, plus qu'odieux, bête à manger du foin, ou à coucher dans un poulailler.

Du reste, la nature elle-même donne tous les jours un cruel démenti à ce système. Il n'est pas d'homme vertueux qui n'ait par moments des velléités de vice et même de crimes, et il n'est pas d'homme vicieux qui n'ait la conscience de son péché et qui n'aspire par sa volonté à la vertu ou, à défaut de cette force, à l'expiation de ses vices. Il en est qui s'imposent à eux-mêmes les plus cruels châtiments et qui se transforment de leur vivant par leur propre volonté. Jamais on ne fera accroire à l'homme qu'il manque d'initiative et de liberté. La nature revient elle-même toujours au galop. L'idée qu'a l'homme de pouvoir se vaincre suffit pour détruire ce système, car si la nature avait créé l'homme tel qu'il est, elle ne lui aurait pas donné l'idée de pouvoir être autrement qu'il est. Cela ne se peut que pour la matière, jamais pour l'esprit et la raison. La matière n'a pas de volonté et jamais nez crochu ne deviendra droit, avant la mort. Cela prouve bien qu'elle n'est pas *une,* avec la substance âme, qui change continuellement d'essence voulante, malgré ses lois propres et fixes. Cette matière est forcément modelée par la substance créatrice, selon un plan prémédité ; plan qui peut être changé à tout instant, puisqu'elle est l'esclave de l'âme, puisque l'homme peut s'engraisser ou maigrir à volonté et peut même se suicider. Si la substance créatrice et la substance créée était *une,* égale l'une à l'autre, l'âme n'aurait pas de pouvoir sur son corps, elle serait son égale, il ne pourrait pas détruire son corps. On me répondrait que c'est le corps qui se détruit et avec lui l'âme, qui n'en est que l'hôte passager ; mais si la nature inconsciente se créait en créant, matière et esprit, le corps humain n'aurait point la liberté de se tuer, puisque la nature qui le crée n'a pas elle-même cette liberté.

La plus belle fille du monde ne peut donner que ce qu'elle a, en d'autres termes, jamais force supérieure ne sortira d'une force inférieure. Les forces se transforment dans la nature, mais nulle ne gagne en force par la transformation. D'ailleurs, dans ces systèmes, l'homme n'aurait jamais pu prononcer le mot d'éternité et d'immortalité! L'homme ne peut rien inventer, il ne peut que se ressouvenir. Si l'éternité n'existait pas dans la création, l'homme créé n'eût jamais pu énoncer ni l'idée ni le mot. Le mot « liberté » même eût été impossible. *Il n'est possible qu'avec la chose*, et la liberté, forcément, sous-entend le changement du sort par la volonté. C'est une transformation de forces spirituelles en forces matérielles par l'action libre. Si l'esclave ne voyait pas d'hommes libres, il n'eût jamais aspiré à son affranchissement. Si l'homme n'était pas sûr d'un meilleur sort, ici-bas et ailleurs, par la vertu, il n'aurait jamais connu le mot « vertu », il ne saurait même pas ce que c'est que la vertu. La bête même a le sentiment de sa liberté. Quand je défends à un chien de toucher à un morceau de viande, il sent bien qu'il doit m'obéir. Je n'ai qu'à m'éloigner, et dès qu'il croit que j'oublierai ma défense, ou que je ne le punirai pas, il le dévore en profitant de sa liberté. Le voleur ne fait pas autre chose. Il croit toujours être sûr ou de n'être pas pris, ou de n'être pas puni. Il sait très bien qu'il fait mal, mais, comme le chien, il croit qu'un mal non vu ou oublié n'en est pas un. L'honnête homme voit plus loin. Il a de meilleurs yeux intellectuels, mais ces meilleurs yeux ne sont pas un hasard de la nature, ils sont déjà la récompense d'un acte de liberté et d'une action de justice.

Il y a, d'ailleurs, une preuve évidente de la non-influence du corps sur l'âme. La raison de l'homme ne se développe qu'après la croissance accomplie du corps, à mesure que, par l'âge, le corps s'affaiblit, la raison s'éclaire, grandit et tend à la perfection; preuve évidente que le corps ne domine pas l'âme. Et de fait, ces erreurs n'ont produit que des guerres d'extermination. Heureusement que la nature, création elle-même de la vérité absolue, ne saurait être détruite par l'homme, et que la Justice absolue, en vertu de laquelle tout existe, sait réparer les torts et les vices de l'humanité errante, en frappant les criminels et en créant des hommes de raison et de droit! Et ce jugement, certes, ne s'arrête pas et ne se borne pas à la terre, qui est une des plus petites planètes de l'univers. Mais n'anticipons pas !

VIII

Donc, dans tous les systèmes, dans toutes les religions il n'y a que contresens et que contradictions sans fin. Si Dieu est tout-puissant, pourquoi a-t-il créé le mal et pourquoi ne le détruit-il pas? S'il y a un Dieu à part pour le mal, égal à celui du bien, qui vous dit que le mal est mal, puisqu'il a un Dieu pour créateur, et que le bien est bien, puisqu'il n'est que l'égal du mal? Il faudrait un troisième Dieu comme arbitre entre les deux et supérieur aux deux avec un pouvoir coërcitif sans contrôle. En ce cas que ne détruit-il le mal du coup ! Si le mal n'est que l'œuvre d'un ange malveillant, pourquoi Dieu le conserve-t-il, le tolère-t-il, et dans quel but? Si Dieu n'est lui-même qu'une substance qui se crée continuellement dans la création, créant inconsciemment, tantôt le bien, tantôt le mal, sans justice ni récompense, comment se fait-il que ces créatures varient entre le bien et le mal et passent de la vertu au vice et du vice à la vertu? Y a-t-il seulement une vertu et un vice? Où est la différence? Puisque chaque action est forcée, involontaire. Où est l'arbitre qui dit : Ceci est une vertu et cela est un vice. Le soleil est-il vertueux quand il ne brûle pas la terre ? Est-il vicieux quand il brûle le désert? Est-il vertueux quand il durcit la pierre et vicieux quand il ramollit la cire? Si l'homme n'est pas libre il n'est pas responsable. S'il est libre, en sachant discerner le mal du bien, comment se fait-il que la nature qui le crée ne le soit pas? La créature peut-elle être plus forte que le créateur? Si la force créatrice et la force créée sont *une* et identique, forcément elles ont les mêmes qualités et les mêmes défauts. Elles sont ou conscientes ou inconscientes, et s'il n'y a pas de justice dans la force créatrice, il ne peut y en avoir non plus dans la force créée!

Que s'il y a justice, pourquoi l'une des créatures est-elle forte et l'autre faible? Pourquoi l'une est-elle condamnée à la vertu malheureuse qu'elle ne saurait quitter, et l'autre vouée au vice heureux et triomphant? Pourquoi, d'ailleurs, cette force créante et créée n'est-elle pas égale dans ses manifestations? Autant de conceptions, autant de contradictions! D'ailleurs, dans ce cas, on ne conçoit pas qu'il existe un être malheureux qui consente à vivre, puisque, non seulement il n'a pas le moindre espoir de devenir heureux dans la vie, mais encore après la mort, car il faut que la substance se *substantifie* toujours, autrement l'univers n'existerait pas un jour. N'ayant rien à espérer, ni vivant ni mort, il ne reste pour lui que le néant, mais le néant même, paradis des Indiens, n'existe pas pour lui, puisqu'il est sûr que la *natura naturans* le jettera tout de suite dans un nouveau moule. Ce serait possible, s'il y avait une espèce de justice pour changer son sort, mais toute idée de justice consciente étant écartée, car en ce cas il y aurait un créateur supérieur à la créature, la vie en deçà et au delà de la tombe ne serait qu'un immense malheur, auquel on ne saurait échapper que par un suicide éternel et la fin du monde!

IX

Il y a des déistes de plusieurs religions qui proclament Dieu bon, ayant créé le mal et le bien pour laisser à l'homme la liberté entre les deux et en lui laissant la responsabilité, pour se perfectionner par la vie. Il sait d'avance ce que fera l'homme, mais il n'intervient pas exprès pour laisser à l'homme la voie ouverte du bien. Seulement, si l'homme choisit le mal, Dieu dans sa bonté lui pardonne, pour peu qu'il se repente et revienne au bien, ou même s'il avoue avoir péché, ne fût-ce que le dernier jour de sa vie.

C'est proprement dit reculer pour mieux sauter. Qu'est-ce que pardonner? Faire qu'un péché ou qu'un mal fait ne le soit plus. Si Dieu a ce pouvoir, que n'empêche-t-il que le péché ne soit commis? S'il peut violer les lois de la nature, mieux vaut les violer avant qu'après le crime! Et puisque Dieu a le pouvoir de défaire un fait ou de faire qu'il ne soit plus, pourquoi, au lieu de pardonner au voleur et à l'assassin, ne restitue-t-il pas le bien au volé! ou ne ressuscite-t-il pas l'assassiné? Il ne le peut pas. En ce cas il ne saurait pardonner au criminel. Si ce dernier peut revenir au bien, après avoir réparé le mal, il n'a besoin d'aucun pardon. S'il ne peut réparer le mal, s'il a, par exemple, causé la mort d'un de ses semblables, il aura beau faire du bien à d'autres humains, le bien fait à l'un ne répare pas le mal fait à l'autre. Avant de recevoir la récompense du bien, il faudrait qu'il subît une expiation pour le crime commis, et il n'y a pas d'autre justice que de faire à l'homme ce qu'il a fait avec préméditation à son prochain. Contre la mort il n'y a que la mort! Un assassin a beau avoir tous les mérites d'un homme de bien, dès qu'il a assassiné avec préméditation, il n'y a pas de circonstance atténuante ni de pardon possible. Il faut qu'il meure! Une seule personne — ce n'est ni un dieu ni un soi-disant vice-dieu — aurait le droit de lui pardonner. C'est l'assassiné, sa victime!

Si Dieu pardonne à l'un, pourquoi ne

pardonne-t-il pas à l'autre? S'il pardonne un crime, pourquoi ne les pardonne-t-il pas tous? Il a donc des préférés, des élus, des favoris! Alors les réprouvés ne sont plus coupables, car s'ils sont mauvais ou endurcis, ce n'est pas leur faute, mais la faute de leur créateur, qui pouvait, ou les créer parfaits, ou leur pardonner leurs imperfections. S'il y a pardon, il n'y a pas de justice, et s'il n'y a pas de justice avant et après la vie, il n'y a pas de Dieu. Le fait est que ce genre de Dieu a été imaginé par des scélérats, pour se permettre tous les crimes et tous les abus de force, sous prétexte d'être des élus, des patriciens, des nobles, des fils de Dieu et des demi-dieux eux-mêmes, et qui, les crimes commis, avaient besoin d'un dieu qui les leur pardonnât, pour en commencer une nouvelle série. Cet odieux mensonge a été poussé jusqu'à la tyrannie la plus inique par le pouvoir de pardonner, et par conséquent de punir, accordé à un homme, à un prêtre qui se disait représentant de Dieu, ou vice-dieu sur la terre, et que ses valets de bourreaux ont proclamé infaillible, comme Dieu lui-même. Qu'un père pardonne à son fils, qu'un maître pardonne à son serviteur un crime réparable, rien de mieux! Les hommes impuissants sont faits pour oublier le mal qu'on leur fait, autrement ils ne pourraient pas vivre en société. Mais qu'un prêtre quelconque, fût-il descendu du ciel, pardonne l'adultère à une femme sans consulter son mari, ou l'assassinat d'un être humain sans autorisation de la famille de l'assassiné, c'est le comble de l'absurdité poussée jusqu'au vol, au dol et au meurtre. Avant de pardonner à un voleur, ayant gaspillé le fruit de son larcin, il faudrait restituer la somme volée à la victime du vol. Autrement nul n'a le droit de pardonner, à moins de se rendre complice du voleur. De même pour les crimes. Et de fait le droit de pardon est une complicité de crime et de délit, rien autre chose. Et pape, le chef de cette iniquité, est le bo[uc] émissaire qui doit être chargé de tous l[es] délits, de tous les crimes pardonnés p[ar] ses prêtres absolvants à tous les fidèl[es] de sa religion.

X

Le principe indien, en apparence pl[us] logique dans son absurdité, n'en est p[as] moins rempli de contradictions et d[e] non-sens. Il repose sur la transformatio[n] perpétuelle des créatures, dont le bon[heur] impossible dans la vie terrest[re] n'existe que dans l'anéantissement d[e] l'être. Comme toute force réside dans [la] *volonté*, système que Schoppenhauer l[ui] a emprunté, sans rien lui rendre e[n] échange, l'homme, dit-il, par sa volont[é] peut et doit arriver au néant de son êtr[e] qui est le suprême bonheur. D'abor[d] puisque l'être, avant d'avoir été créé n'avait ni la force ni la volonté de n[e] pas naître, comment et où trouvera-t-[il] cette force pour ne pas renaître? Il na[ît] malgré lui, il meurt malgré lui et forcé[ment] il renaît malgré lui. Une force n[e] peut jamais être détruite, elle ne peu[t] que se transformer. L'homme a beau s[e] suicider, soit par une action violent[e] soit par une méditation fainéante et ab[-] sorbante, il ne saurait détruire un êtr[e] qu'il n'a pas su créer. Ou la force créa[-] trice a eu un but défini, en le créant, o[u] s'il naît par hasard il mourra et renaîtr[a] par hasard. Croire qu'une force quelcon[-] que crée un être pour qu'il cherch[e] son bonheur dans le non-être, mieu[x] vaudrait le laisser dans l'état de non-êtr[e] où il était avant sa naissance. Mais, dir[a] Brahma, on n'arrive à l'anéantissemen[t] que par la vertu, le dévouement, la mé[-] ditation et les bonnes œuvres! Si cela s[e] bornait à la matière, cela se pourrait, mais jamais à l'être ! Admettons même que cela soit possible, pas plus possible, en aucun cas, que le paradis des chrétiens et des musulmans. Si l'homme est créé pour se sacrifier à ses semblables, autant lui promettre après la mort une vie de délices quelque part, que l'absence de toute vie ! Du moment que la vie a un but, une fin, rien n'y est fortuit, tout s'y fait par ordre et justice. Le hasard n'a pas de but, à moins qu'il ne soit, comme dit Pascal, un acte divin anonyme que Dieu ne daigne pas signer de son parafe. Toutes les transformations alors s'effectuent par ordre d'une justice absolue, et l'homme, par sa volonté libre, n'a, en ce cas, qu'à chercher à être agréable à ce justicier, pour être placé au premier rang et pour jouir de ses faveurs méritées. Lui plaire, ce ne saurait être autre chose que l'imiter. Nous retombons alors dans la conception de Moïse, qui dit : Soyez saints comme Jéhovah votre Dieu, car Jéhovah est saint ; de même le prophète dit : Soyez justes et bons comme Jéhovah, car Jéhovah est juste et bon ; mais le bouddhiste ne peut pas dire : Soyez anéanti comme Dieu qui est le néant. L'anéantissement par la volonté est donc un enfantillage. Si on peut y arriver après la mort, il aurait mieux valu y rester avant la vie. Si l'on y arrive seulement par la vertu, autant anéantir l'anéantissement et se promettre un paradis éternel comme les chrétiens, avec l'enfer pour le vicieux. D'ailleurs, si l'anéantissement total existait quelque part, il existerait aussi sur la planète terre. Toute loi est absolue et n'admet aucune exception, car toute loi est divine, ou si l'on veut mieux, dans l'essence de la force créatrice.

D'ailleurs, le néant n'existe nulle part. L'anéantissement complet est une impossibilité. La vie terrestre ne saurait être qu'un commencement, un milieu, ou la fin de la vie d'une autre planète. Si rien ne commence, rien ne finit non plus ! Que s'il y a un Créateur, ses créatures peuvent se transformer, monter ou descendre d'une sphère à l'autre, mais elles ne sauraient être détruites. Fussent-elles réduites en tessons, en fumier, elles auraient toujours une existence quelconque, selon le décret de justice et de volonté du Créateur universel. L'anéantissement n'est pensable qu'en admettant le principe que l'état d'homme est en soi une déchéance d'un être supérieur, que naître homme est, par le fait même, un châtiment pour une vie vicieuse dans une autre planète, comme qui dirait un ange déchu, et que l'homme, par une vie de sacrifices et de vertus, puisse arriver à anéantir sa nature humaine pour être réhabilité dans sa nature angélique. La terre, dans ce système, serait une espèce de Calédonie, où le meilleur n'est encore qu'un vieux forçat en train de se réhabiliter. Cela se peut ! Mais dans ce système, on ne conçoit pas le bonheur du méchant, à moins d'admettre que le méchant reçoive ici-bas sa dernière paye pour quelques travaux de bien qu'il a faits dans son existence antérieure, et que, ce solde payé, il soit plongé dans une sphère inférieure à l'humanité ou même à la bestialité, ou bien dans la nature morte. Bouddha ne dit pas un mot de tout cela. Pour lui le néant est la suprême félicité dans tous les mondes. Il ne parle pas d'un monde supérieur où l'homme, transformé par ses vertus et ses sacrifices, garde son individualité supérieure ou angélisée. Il ne rêve que le néant absolu. Ne plus être du tout, c'est pour lui la seule béatitude. Et c'est une impossibilité !

XI

Voyons maintenant le système *positiviste.*

Le Positiviste se dit : puisque la métaphysique n'est qu'un tissu de contradictions, de doutes et d'incertitudes, puisqu'il y a autant de systèmes que de nations et peut-être d'individus, à quoi bon m'en occuper pendant la vie terrestre ? Ne nous occupons que des lois et des forces de la nature que nous connaissons par l'observation de la science et fondons une société sur ces lois et ces forces, sans nous préoccuper d'un autre monde, d'une autre vie, d'une récompense ou d'un châtiment, après la mort, dont personne n'est sûr, puisque nul n'est certain d'une justice d'outre-tombe, sans viser ni à une immortalité ni à une éternité, qui ne sont que des mots avec lesquels on a tapissé la vie, comme on tapisse une prison avec du papier à fleurs printanières, sans nous soucier enfin de Dieu et de son existence, dont nous n'avons cure, sans nous inquiéter d'un paradis ou d'un enfer dont personne n'est jamais revenu et dont l'existence ne peut être affirmée que par des charlatans philosophiques, dans le but d'exploiter l'humanité superstitieuse, dupes eux-mêmes de leurs mensonges, qui finissent par y croire, à force de se les répéter.

Ce système est la folie la plus dangereuse qui ait jamais surgi dans le cerveau d'un dément, et qui conduit directement à reculons vers la sauvagerie la plus bestiale. Cela ne serait rien ! L'homme pourrait être destiné à vivre comme un sauvage, si la sauvagerie elle-même n'était pas un suicide forcé, allant en droite ligne à l'anéantissement du genre humain. Voyons.

Dès que l'homme se tient exclusivement à la vie terrestre, sans se préoccuper de son existence avant et après la vie, il ne reconnaît que les lois de la force de la nature, en vertu de laquelle toutes les espèces vivent. En vertu encore de cette soi-disant loi, les uns, les bêtes, soutiennent leur existence en dévorant leurs congénères (1), et les hommes en exploitant les uns les autres, les forts se servant des faibles et se les assujettissant. De justice il ne peut être question un instant, car, quoi que fasse l'homme, il ne peut rendre heureux le bon, ni rendre malheureux le mauvais. La force ne reconnaît la justice comme sa maîtresse qu'à condition que la justice lui soit supérieure par son éternité et son absoluité. La force disparaît par l'âge et la mort. Si la justice disparaît avec elle, elle n'existe pas; si elle existe, elle est éternelle et immortelle. Mais cette objection n'est que la petite guerre contre le positivisme. Il y a mieux ! Le positivisme de soi-même, logiquement, arrive à déclarer *la vie un combat par la force (struggle for live)*, et logiquement encore — car l'erreur est logique comme la vérité — il arrive à introduire le combat pour la vie dans toute la nature animale, végétale et minérale. Mais il pèche par la base. La force, comme force dans la matière, n'existe pas du tout. Elle se détruit elle-même, à peine née. Mettons un hercule fort comme cent hommes; deux cents sont plus forts que lui. La matière n'a pas d'existence individuelle et sa force est toujours relative vis-à-vis d'une autre force matérielle. Le combat pour la vie ne saurait donc exister par la force matérielle, car elle serait toujours, et à l'instant même, vaincue par une plus grande force, non comme qualité, mais comme quantité, à moins d'admettre dans ce système la plus grande quantité de forces comme un être absolu. Cela n'est pas. Cela est contraire à la vé-

---

(1) Ce qui n'est pas vrai. Les animaux bienfaisants ne vivent pas les uns des autres. Seuls les animaux malfaisants se dévorent mutuellement, comme tous les maux; mais ils sont tous des créations spontanées des vices et des crimes des hommes. Ils n'existent pas pour eux, ils sont des châtiments vivants contre les injustices des hommes leurs créateurs.

rité, car nous voyons des millions de forces matérielles inférieures obéir à une seule force plus faible, mais spirituelle, qui les discipline et les rend littéralement esclaves, obéissantes comme des matières brutes, à un seul de ses commandements.

Soit encore! Le positivisme, reposant sur les forces palpables, visibles, indéniables, arrive forcément au despotisme d'un seul. Il ne s'en cache pas. Que cette force soit spirituelle, dès qu'elle commande à des milliers de forces inférieures, elle est naturelle, elle est victorieuse, et la nature l'a créée pour faire mouvoir toutes les autres forces, selon sa volonté. Une société positiviste est une société d'esclaves obéissant à une seule force supérieure et tyrannique. Vous me direz que cette force supérieure peut être une force juste, bienfaisante, comme celle d'un Marc-Aurèle ou d'un Salomon.

Pourquoi, dans le système positiviste, ces forces seraient-elles vertueuses et justes? Elles ne sauraient croire à la justice absolue. Si cette justice existait pour elles, elles n'exploiteraient point les forces inférieures. En effet, s'il n'y a rien derrière la vie, la vie elle-même n'a plus d'autre raison d'être, dès que la force matérielle disparaît. Et comme la force matérielle disparaît en très peu de temps, elle cherche à jouir rapidement et à épuiser sa force par la force même. Il peut y avoir encore une enfance, dans l'espoir de grandir en force, mais jamais de vieillesse. La vieillesse, non seulement est la déperdition des forces, mais encore elle ne peut plus même jouir des plaisirs pour lesquels il faut des forces matérielles. Un vrai positiviste doit mourir à cinquante ans, dès qu'il voit ses forces diminuer, ou bien il doit se débarrasser de ses parents vieux, car la vieillesse n'a pas d'autre but que le perfectionnement moral de soi-même d'abord, ensuite le perfectionnement des autres, par les sages conseils que l'expérience lui a enseignés.

Donc, un tyran positiviste ne doit avoir pour but que la plus grande quantité de plaisirs matériels gagnés par sa force sur des forces inférieures, ses victimes, parmi lesquelles les femmes jouent le premier rôle ; car la femme n'étant qu'une force matérielle inférieure, elle doit être croquée par la force supérieure. Elle doit être esclave !

Mais la nature elle-même donne un démenti à cette soi-disant force. Aucune société basée là-dessus ne durera vingt ans, pas même vingt mois.

Admettons une société positiviste réelle où pas un citoyen ne s'inquiète d'une vie et d'une justice éternelles, où la vie se borne à l'exercice des forces par la matière et l'esprit, ce dernier n'étant, selon ce système, qu'une sécrétion de la sève matérielle.

Quel moyen emploiera cette société pour protéger les faibles contre les abus des forces d'un fort, n'importe qu'il soit plus fort par l'esprit ou par le corps ? Par l'association ? En associant beaucoup de forces faibles on espère tenir en respect les forts. D'abord, c'est contraire à la nature. Qu'on mette un million de seaux d'eau tiède dans une cuve d'eau tiède, l'eau n'en sera pas plus chaude d'un quart de degré. Des millions de forces faibles réunies sont impuissantes à lutter contre un homme fort par l'intelligence, à moins qu'elles ne se fassent commander par un homme fort. Des milliers de pygmées juchés l'un sur l'autre ne renversent pas un géant! Une mouche peut bien tuer un homme de génie comme individu ; mais non seulement ces forces réunies ne tueraient pas son œuvre, mais encore, pour peu que cet homme de génie sache se choisir une petite armée de forts, ces millions de médiocrités seront battues par lui. Mais admettons qu'il soit anéanti par eux; il est mort et enterré. D'abord, cela prouve un état social où règne la quantité seule, où la qualité ne compte plus. Et comme cette quantité n'est point égale dans ses parties, même si elle vivait collectivement, la guerre civile éclaterait au milieu d'elle au bout de huit jours et ne s'arrêterait qu'avec l'extermination du dernier des associés.

Mais, dit-on, cette quantité voterait et mettrait à sa tête la qualité? C'est matériellement impossible! Les forces quantitatives ne sauraient créer une force qualitative. D'ailleurs, la qualité étant ravalée à la quantité, étant forcément son égale, et même moins, puisqu'elle brigue ses suffrages, elle renoncerait d'elle-même à l'exercice de ses qualités et se contenterait du minime travail dont la quantité maîtresse est capable elle-même. Cela arrive dans toutes les sociétés communistes. Dès que le bon travailleur est payé comme le mauvais, il ne travaille ni plus ni mieux que le mauvais; et le mauvais, étant payé de même, ne travaille plus du tout. En très peu de temps les différentes forces quantitatives et matérielles se divisent en petits groupes qui, au nom du combat pour la vie, se font la guerre pour jouir seuls des fruits de la terre, comme les sauvages ne travaillant pas et qui se divisent en tribus de chasseurs, bien qu'ils soient de la même race et parlent la même langue, toujours en guerre et s'entre-tuant pour se manger, personne d'entre eux ne cultivant plus la terre!

De sacrifice de la part de la qualité à la quantité, il ne peut en être question. Le sacrifice est en soi une idée spirituelle. L'homme qui se sacrifie veut plaire à une force supérieure qui est dans son âme. Un homme qui meurt pour sa patrie ne se soucie guère des éloges de ses contemporains, qu'il n'entend plus, s'il ne croit pas à l'immortalité, s'il n'espère pas entendre là-haut les cris d'enthousiasme des survivants ici-bas! Se sacrifier à des hommes qui ne croient qu'à la force, ils en riraient, ils ne songeraient même pas à honorer sa mémoire. Il n'y a ni mémoire ni gloire pour un mort dans le système positiviste. C'est une duperie. Il

n'y croit pas. La mémoire d'un mort, l'honneur témoigné à un mort est une idée divine, une idée de justice d'outre-tombe. Et point de justice sans justicier. Il n'y a, dans ce système, ni dévouement ni sacrifice possible! L'amour lui-même est un combat pour le plaisir, où l'un est vainqueur de l'autre, comme le lion, qui tue tous ses rivaux avant de jouir de sa victime. C'est un état de guerre perpétuelle, sans art ni agriculture, ni industrie; car, dans la lutte journalière, nul n'a assez de loisir pour vaquer à des affaires qui exigent du génie, du temps et la paix! On est soldat et on n'est que cela. Soldat d'un groupe de forces inférieures pour lutter contre un autre groupe de forces égales ou supérieures. On n'est plus un homme, encore moins un patriote, on est un chiffre, un numéro; pis que cela, un sauvage; pis encore, un fou à lier, comme l'était l'auteur et l'initiateur de ce système, dont l'existence prouve la démence universelle d'une époque comme celle des croisades, des flagellations et de la sorcellerie.

XII

La folie a sa logique. Après avoir amoindri l'homme après sa mort, il fallait aussi l'amoindrir dans son origine. Si l'homme n'est plus rien en mourant, il devait être moins que rien en naissant. Ce n'est pas une force supérieure qui l'a créé et qui lui a départi une parcelle de sa force divine, mais il sort d'une force inférieure, inférieure juste d'un degré, et l'être qui vient juste après l'homme dans l'infériorité, c'est le singe!

Il se peut qu'un créateur s'essaye dans des créations inférieures, avant d'arriver à des créations supérieures. Tout se ressemble dans tous les mondes, dans le monde métaphysique aussi bien que dans le monde physique. Comme un artiste créant d'abord une partie d'une œuvre d'art, un nez, un buste, une esquisse, qui dessine une figure et qui couronne son travail par un chef-d'œuvre de beauté, auquel il insuffle une partie de son âme, le Créateur a pu commencer par le soleil, la lune et les étoiles ; puis par les fleurs et les arbres, qui sont déjà une création merveilleuse ; puis par les oiseaux et les animaux, qui témoignent d'une force supérieure ; puis enfin par l'homme, qui, lui, est le témoin autonome et éternel d'une force autonome et éternelle ! *Mais jamais force inférieure ne créera, ni directement ni indirectement, une force supérieure !* Jamais plante ne produira un animal. Jamais animal ne produira un homme. C'est une loi absolue sans exception ! Si l'animal pouvait créer un homme, il commencerait par lui-même et disparaîtrait comme animal ! La chenille, qui devient papillon, meurt comme chenille. Le cocon, qui devient ver à soie, disparaît comme cocon. Ces insectes ont dans leur germe la force transformatrice supérieure, *mais en se transformant la première forme disparaît entièrement. Si l'homme et la femme pouvaient créer un ange avec des ailes, qui vole et qui vivrait mille ans, ils deviendraient anges eux-mêmes et disparaîtraient comme hommes !* L'homme et la femme médiocres peuvent bien produire un homme de génie, parce que le génie vient de Dieu et non de la matière engendreuse. De grands penseurs ont prétendu que tout homme de génie a eu une mère, femme d'un grand cœur, qui est la source du génie du fils !

Mais les hommes, sûrs de la loi absolue, enseignant que nulle force inférieure ne produit une force supérieure, en ont conclu que c'est précisément Dieu, le créateur, qui donne le génie, et non les parents. La preuve en est que ces mêmes pères et mères ont souvent un grand nombre d'autres enfants, engendrés dans la force de l'âge, et qui n'ont aucune trace de génie, pas même de talent ! Que si l'homme n'était qu'un singe revu et corrigé — par qui ? — et dont la fin commence avec la mort, il serait la plus infime des créatures. Après tout, les singes ne s'entre-tuent pas en batailles rangées et ne se suicident pas ! *Si l'homme devait finir avec la vie, le Créateur ne lui aurait pas donné le pouvoir de ne pas vivre, pouvoir que lui seul possède sur toutes les créatures de la terre.* Il le lui a donné, précisément parce que l'homme ne meurt pas. L'homme a tellement l'instinct de son éternité et de son pouvoir de s'agrandir et de se perfectionner, que, même malheureux matériellement ou affaibli par la vieillesse, il ne se tue pas. S'il était sûr de son néant, pas un malheureux de la terre ne consentirait à vivre. Ceux qui se suicident croient, en effet, mettre fin à leurs douleurs. Ils se trompent. La loi a raison de les déclarer déments. *Ils sont positivistes*, sans s'en douter, et si le positivisme devait s'étendre comme une épidémie morale, l'humanité arriverait forcément à un suicide universel, personne ne voudrait plus faire le moindre sacrifice dans sa vie, ni pratiquer la moindre vertu, qui lui paraît une duperie. Le grand nombre de suicides qui augmente tous les ans est dû à la folie du positivisme et du darwinisme !

XIII

Les grecs polythéistes et les musulmans déistes ont tous deux admis la fatalité, en d'autres termes, la négation de la liberté de l'homme. Mais le *fatum* grec n'est pas dans la religion polythéiste, qui, loin de proclamer la fatalité, admet le pardon des dieux moyennant sacrifices. Quand leurs dieux étaient courroucés contre les hommes, ils exigeaient d'eux de terribles sacrifices d'hommes et de femmes, et encore pris parmi l'élite de la jeunesse masculine et féminine, même au sein de la famille royale. Leurs dieux niaient donc la fatalité, puisqu'ils changeaient d'avis et se laissaient apaiser par le sang humain répandu. Le *fatum* grec est une invention de leurs poètes, une protestation philosophique contre ces horribles abus divins. Il n'est appliqué par eux que pour les crimes et les criminels. La fatalité des poètes grecs ne nie pas la liberté primitive de l'homme, mais le crime commis; elle nie le pardon par n'importe quel sacrifice, et proclame le châtiment *fatal*, c'est-à-dire inévitable, inexorable, sur le criminel aussi bien que sur sa famille, et si le crime est commis par un chef de la nation, sur toute la nation !

La fatalité musulmane a peut-être eu la même origine, mais elle a tellement dégénéré qu'elle est acceptée comme un dogme niant toute liberté. Le vrai Turc croit que tout est écrit, que l'homme, loin d'être, par sa liberté, le maître de sa destinée, n'est qu'un jouet dans la main de Dieu, et que dès sa naissance son sort est écrit. Naturellement l'homme, n'ayant pas sa liberté vis-à-vis de Dieu, l'a encore moins vis-à-vis du souverain. La fatalité comprise dans ce sens conduit forcément au despotisme d'en haut et à l'esclavage d'en bas. Et si le musulman n'est pas tout à fait esclave, c'est que le despote, n'adorant qu'un créateur, étant monothéiste, croit à l'égalité de toutes les créatures et craint d'abuser de son pouvoir, bien que ce pouvoir, avec tous ses privilèges, soit encore écrit et prescrit par Dieu lui-même.

C'est une contradiction. Car sans liberté l'homme n'est responsable ni en haut ni en bas. Les hommes ne nient pas la liberté pour faire le bien, mais pour pouvoir faire impunément le mal, qui flatte leurs passions et leurs intérêts. Dieu ne les gêne que pour leurs vices. Il ne les gêne jamais pour accomplir une vertu. L'homme qui nie Dieu ou qui, en l'admettant, nie la liberté humaine, veut se dégager de toute responsabilité pour le mal fait ou à faire. Le premier nie toute justice, car il n'y a pas de justice sans Dieu, le second dit : je n'avais pas le choix de faire autrement, je ne suis pas libre. J'ai été créé tel que je suis, et même si je dois être puni, c'était encore écrit; le châtiment était dans ma destinée, tracée telle quelle. Il y a des nuances dans ce dogme. Des philosophes musulmans ont écrit des volumes à ce sujet et ont ergoté sur la liberté, comme Frédéric le Grand, qui la niait, quand il allait commettre une injustice criarde, soit par une guerre odieuse, soit par un rapt politique, et qui l'admettait quand il venait de faire une bonne action, chose très rare dans sa vie, bien qu'il ait créé la Prusse et l'Académie de Berlin. Les Turcs mêmes ne nient pas la liberté de l'homme pour les vertus présentes, mais ils admettent pourtant que ni la vertu ni le vice ne sauraient changer la destinée de l'homme dans la vie. Seulement, comme ils croient à une certaine justice pour l'homme après sa mort, la liberté, selon eux, ne sert de rien à l'homme pendant la vie, mais elle lui sert, par ses œuvres, après sa mort, pour entrer au paradis. Comme dans toute erreur il y a un grain de vérité, puisque l'erreur n'est que l'ombre de la vérité, nous essayerons de faire ressortir toutes ces erreurs comme des dissonances, et de les réunir dans une harmonie parfaite !

Car, chose qui étonnera mes lecteurs, au premier abord, les hommes n'inventent rien, absolument rien. Leurs idées sont des souvenirs et leurs inventions des applications de ces souvenirs. Leurs erreurs mêmes ne sont pas inventées. Ce sont des choses ou des idées mal vues, ou vues seulement sous une seule face, ou bien encore, mal ressouvenues. Mises à leur place et fondues, ces erreurs complètent la vérité; car la vérité, elle, absorbe tout en elle, comme le blanc est l'absorption de toutes les couleurs. Moi non plus je n'invente rien, je raconte ce que j'ai vu, ce qu'une voix intérieure me dit, ce dont je me souviens. Et si j'entrevois la vérité absolue un peu mieux qu'un autre, c'est que Dieu m'a octroyé un œil spirituel plus pénétrant, ou que sa voix s'est approchée un peu plus près de mon oreille intellectuelle!

———

XIV

Critiquer, c'est avoir une mesure intellectuelle qu'on applique à une idée, et qu'on trouve vraie ou fausse, selon la forme qu'elle prend après l'application. Cette mesure, d'ordinaire, est, ou un système emprunté à un autre penseur, ou un idéal original, jailli de l'imagination et de la raison de celui qui critique, en d'autres termes, qui juge. Le juge ne fait pas autre chose. Il applique un fait sur une loi et le condamne, ou le justifie, selon qu'il *concorde* ou qu'il *désaccorde* avec cette loi. Celui qui juge les idées sur un système adopté ou emprunté est un savant. Celui qui juge ou critique sur un idéal conçu par lui-même est un philosophe inspiré, que les anciens Juifs appelaient prophète, et qui tient ses principes d'une force supérieure dont il applique la logique, c'est-à-dire la force inéluctable de la loi, aux faits contingents; car toute loi est logique, en d'autres termes absolue, portant en elle toutes les conséquences forcées, sans qu'il puisse y avoir une autre loi pour en détacher les effets de la cause. L'homme qui raisonne est, ou un penseur — effet — qui juge selon un principe emprunté à un autre, ou un penseur — cause — qui juge sur des principes innés dans son être pensant et qui lui viennent de la force créatrice qui l'a créé, avec

laquelle il est en rapports plus directs que les autres mortels, soit qu'il se fût approché d'elle dans une autre existence dont il garde des souvenirs plus lumineux, une raison plus égale dans ses parties, soit que, dès sa naissance, il fût élu par cette même force pour la faire mieux connaître, pour en déverser les rayons de lumière, jaillissant de son cerveau lumineux et réflectif, sur les autres humains, plus éloignés, moins bien doués, et qui, eux, sont également nécessaires pour l'harmonie de la vie, dont la partie matérielle est aussi indispensable à la terre, que la partie intellectuelle l'est aux créatures qui vivent sur elle. La raison, comme la lumière, n a point besoin d'être originale dans chaque être. Un seul flambeau suffit pour allumer des millions de mèches inflammables. Il n'en est pas de même du travail matériel. On peut le rendre plus facile, en précipiter les mouvements, mais le travail de l'un n'augmente pas le travail de l'autre, encore moins le rend-il superflu. La matière ne se multiplie pas par l'électricité comme la lumière. Encore faut-il même pour la lumière, comme pour la raison, un grain de matière, charbon ou cervelle, pour recevoir et conduire l'étincelle qu'on lui jette.

Quant à moi, depuis que je pense, je n'ai jamais pensé par un autre. J'ai lu tous les philosophes de toutes les nations. Je les lis comme je lirais un roman, et dès le commencement j'en vois le dénouement et les défauts de la conception. Je ne vois pas aussi bien les miens. L'étude pour moi ne fut jamais un travail. C'est plutôt un plaisir. Je pense malgré moi et je ne sais d'où viennent mes pensées. Elles ne ressemblent pas, il s'en faut, à celles de mes prédécesseurs les plus originaux, tout au plus dans quelques conséquences sociales. Il en est qui ont entrevu la vérité absolue, mais ils n'en ont pas vu l'origine, et la plupart n'ont pas osé être logiques jusqu'à la fin, en tirant toutes les conséquences, toutes les vérités filles d'une vérité mère. Ils ont fait des fausses couches. Ceux qui n'ont fait que douter et nier ne sont pas des penseurs inspirés, ne sont pas des hommes de Dieu; pas plus que ceux qui affirment tout, en acceptant, soit par aveuglement, soit par paresse spirituelle, tout un système, qui, par la logique, conduit à l'absurde et à la tyrannie la plus bestiale. Les premiers n'ont qu'un œil gauche, les derniers n'ont qu'un œil droit. Tous deux sont nés intellectuellement borgnes. Il faut deux yeux pour voir droit devant soi et regarder les choses de haut sous toutes leurs faces. Car l'homme a des yeux intellectuels comme des yeux matériels. Il n'y a qu'une loi dans toutes les existences, dans toutes les planètes. Cette loi se reflète en tout et se ressemble en tout. De là les comparaisons des grands penseurs et poètes qu'on appelle images, parce qu'elles viennent de l'imagination.

Si la comparaison est juste, l'idée est vraie, et l'on ne reconnaît une vérité idéale qu'en la comparant à une image sentie, vue et palpée de la matière, qui la reflète comme ombre; car de même qu'on ne peut mesurer la lumière qu'à son ombre, de même on ne peut juger une idée que par sa comparaison matérielle, qui en est l'ombre.

Donc, tout ce que je vais dire, je le dis d'*inspiration*, sans me donner la moindre peine de méditation, ni de creusement de tête. Les idées me viennent toutes seules, la plupart du temps pendant mon sommeil ou dans un demi-sommeil, sans ordre ni règle, mais pourtant avec logique. Les cellules de mon cerveau ne se replient pas pendant que je dors, et mes yeux intellectuels semblent s'ouvrir quand mes yeux matériels se ferment.

Ce n'est donc pas moi, c'est-à-dire mon corps, l'organe de mon cerveau matériel, qui énonce des idées! Il n'en est que le vase dont elles s'échappent. C'est une autre voix qui parle par ma bouche. Qui est-elle? D'où me vient-elle? Je ne saurais le dire avec certitude; mais elle me vient, sans doute, de la force autonome qui m'a créé et qui m'a déjà parlé en songes quand je n'avais que sept ans, puisque c'est elle qui m'a engagé à quitter mon village, que, sans elle, je n'aurais pas quitté tout seul, à l'âge de treize ans, pour chercher et trouver l'instruction qu'il me fallait, en guise de matière inflammable et électrisable, pour recevoir et refléter ma lumière intérieure. Et si j'essaye de reproduire ces idées inspirées par des signes et des lettres écrits, c'est encore par souvenir. A mesure que je me mets à les écrire, elles me reviennent par troupes comme une compagnie d'oiseaux qui se mettent à la fois sur un fil électrique et le font vibrer d'un bout à l'autre. Il est vrai qu'elles me quittent de même; mais alors je dépose ma plume et m'occupe des choses les plus futiles, les plus infimes de la vie matérielle, en causant avec autant de plaisir avec ma cuisinière qu'avec un philosophe. L'état extérieur d'un être humain n'a jamais eu d'influence sur moi. Un roi ne me fait pas plus d'effet que le valet d'écurie dont j'ai partagé le lit pendant dix ans dans la maison paternelle, et dont j'ai assourdi les oreilles endormies de mes idées, dès ma tendre jeunesse.

Je puis donc hardiment exposer mes idées, en les mettant dans la voix qui me parle, qui m'a toujours parlé et que j'appelle *la voix de Dieu*. Cela ne leur donnera pas plus de force pour la grande majorité des humains, qui n'ont ni yeux pour le voir, ni oreilles pour l'entendre, ni raison pour le comprendre. Cela ne donnera pas non plus à mes idées une plus grande force de vérité; car cette voix, en passant par mon corps, par ma cervelle, par mon organe matériel, par ma plume enfin, passe à travers des opacités qui en obscurcissent forcément les contours. Toute parole étrangle la pensée et n'en donne qu'une ombre de forme, en vertu de la loi absolue de toute force, ne pouvant produire que la moitié de sa force. Telle pensée quand elle s'*avole* sur moi comme l'oiseau sur la branche, de lumineuse qu'elle était, égale dans toutes ses parties, comme Dieu lui-même, dès que je veux l'articuler et la matérialiser par la parole et la plume, je n'en puis reproduire qu'une partie, laissant les autres parties dans l'ombre, souvent dans l'obscurité. La voix ne m'en dicte pas moins quelques vérités divines qui resteront, parce qu'étant sorties de la source éternelle, elles seront immortelles, du moins dans le sens idéal.

L'homme le mieux inspiré par son Créateur ne peut que concevoir un petit nombre de vérités filles, sorties de la vérité mère et autochtone. Son cerveau matériel est trop restreint pour les contenir toutes. Mais comme toutes les vérités ne sont que des conséquences logiques de la vérité autonome *une et absolue*, il n'est pas nécessaire qu'il en explique toutes les faces et toutes les origines. La vérité fondamentale donnée, il peut, par la raison, en tirer toutes les conséquences. L'expérience par les faits lui donnera forcément tôt ou tard raison, et si cet empirisme ose contredire la vérité fondamentale, ce n'est pas la vérité qui est fausse, mais le fait expérimenté dont l'homme n'a vu ni la vraie cause ni le véritable effet.

Ma Vérité me dit: *il n'y a pas de corps simple créé!* vérité inspirée, jaillie logiquement d'une autre vérité. Or, il y a des chimistes qui appellent certains corps des corps simples. Ils se trompent, volontairement ou involontairement.

Tous les corps créés sont forcément composés. S'il y avait dans la création un corps simple, égal dans toutes ses parties, sans mélange d'un autre corps, sans une dose d'esprit et de matière, ce corps-là ne serait pas créé, *il serait le Créateur.* Parmi les corps de notre planète, tous créés et formés par une force supérieure, il n'y en a pas un seul qui ne soit composé, les uns de plus de matière que d'esprit, les autres d'autant de matière que d'esprit, d'autres enfin de plus d'esprit que de matière, selon la fin que la force créatrice a déposée en eux, dès leur commencement. L'expérience viendra forcément à l'appui de cette vérité que je viens d'énoncer et que je n'ai pas inventée. Elle m'a été inspirée.

De même cette autre vérité fondamentale: *Nulle force ne produit une autre force égale à elle.* Avec ces deux vérités compréhensibles par un enfant, car tout ce qui n'est pas compréhensible par le premier venu n'est pas vrai, on renouvellera la philosophie des religions et la religion des philosophies. Et qu'on n'aille pas croire que j'aie cherché à renouveler quoi que ce soit, ou à me distinguer parmi mes contemporains! Nullement! Je n'ai pas le sens de ce qu'on appelle la gloire humaine. Des milliers d'hommes viendraient m'applaudir et me jeter des épithètes d'admiration à la face, je ne me dérangerais pas pour les recevoir, ni pour les entendre. Leur jugement ne me flatte pas, même s'ils approuvent mes principes. Je me considère comme un être forcé de penser ce que je pense et de dire ce que je dis, sans mériter ni éloge ni récompense des humains, dont l'opinion, à quelques rares exceptions, n'a jamais eu la moindre influence sur moi, pas même quand j'étais enfant. Je n'aspire qu'à plaire à mon Créateur, dont je redoute plutôt la justice. Et si je devais me tromper dans mes attentes, je n'aurais encore pas à me plaindre, car les idées qu'il m'a suggérées ont été mes guides et mes consolatrices dans ma courte existence, plus que cela, ma joie et ma félicité; joie et félicité qui ne peuvent être atteintes ni égalées par aucun plaisir matériel, par aucun éloge spirituel.

RÉVÉLATIONS

PREMIÈRE DICTÉE

Je suis la Force-Justice, la Loi autonome et universelle, éternelle, immuable, qui fut toujours ce qu'elle est et qui sera toujours ce qu'elle fut.

Je contiens en moi tous les extrêmes, tous les contrastes, tous les états, toutes les formes et tous les mouvements qui conduisent d'un extrême à l'autre et qui en font un *Tout absolu, égal dans toutes ses parties, simple de corps—Un et qui ne change ni de forme, ni de loi, ni de volonté.* Toutes les lois connues et inconnues à l'homme sont un reflet de la mienne et sont aussi absolues que la mienne.

L'extrême rapidité du mouvement et l'extrême repos sont identiques. L'œil qui regarde l'extrême rapidité la croit en repos absolu. De même l'absorption de toutes les couleurs est identique avec l'absence de toute couleur, qui est la couleur blanche. De même l'extrême chaleur et l'extrême froidure. Un homme gelé est un homme brûlé. Il en est de même dans le monde métaphysique, régi absolument par les mêmes lois que le monde physique. L'extrême négation et l'extrême affirmation par la foi se ressemblent, comme l'extrême rapidité et l'extrême repos, et produisent les mêmes effets. Elles ne sont que des ombres de ma Loi, dont on ne voit pas les clartés, ombres inséparables de leurs lumières, qui les dominent et les déplacent selon leurs mouvements !

De là vient que toutes les conceptions des hommes sur ma nature et mon essence se trouvent en effet en moi, mais non comme une qualité spéciale, un attribut séparé, mais comme partie de mon Tout. Les uns me voient en bleu, les autres en vert, d'autres encore en rouge. Toutes ces couleurs sont en moi, mais *unies, en blanc. Car je suis Un. Je suis Tout, mais Un !* Tous les attributs métaphysiques que les hommes ont cru inventer et les imposer comme religions se trouvent dans mon être, mais séparés et pris pour ma Loi ; ils sont des erreurs, des ombres de lumière. L'homme n'invente rien, il se souvient, il a vu. Mais sa vue est bornée. Il n'a vu de moi qu'une face, qu'un attribut, qu'une couleur, qu'une dissonance, qui, fondue dans le Tout, devient harmonie. La Trinité se trouve dans l'Unité, même la quaternité et l'immobilité qu'on appelle l'infini. L'esprit s'y trouve aussi. Egalement la créature humaine, puisque je l'ai créée. Si elle n'était pas en moi, je n'aurais pu la créer; de même toutes les créatures de bien. Seuls les êtres de mal sont les créatures de l'homme et de sa liberté. Mais tout cela n'est pas Dieu, n'est pas moi, n'est qu'une ombre de moi. Car moi, le Créateur, je contiens en moi tous les contrastes, toutes les formes, toutes les idées, qui, absorbés et harmonisés dans mon ensemble, font de moi l'*Etre absolu, parfait, égal dans toutes mes parties,* Créateur de toutes choses de bien qui existent, depuis la pierre du roc jusqu'à l'astre du ciel, en passant par les végétaux, animaux, hommes terrestres et célestes, ces derniers appelés « Anges ».

Tout ce qui est dans tous les mondes visibles et invisibles est sorti de ma loi et en contient une parcelle plus ou moins grande. Il n'y a pas d'autre loi dans les lois de la nature, qui, toutes, dérivent de moi et sont une manifestation, un reflet de ma force.

Mais ma force elle-même suit toujours sa loi. ELLE NE SAURAIT CRÉER UNE AUTRE FORCE ÉGALE A ELLE. C'est une loi absolue, en vertu de laquelle tout existe et se conserve. Elle a pu surgir de sa propre volonté, comme la force de l'homme, reflet de ma loi, surgit de sa volonté; car pour être ce qu'elle est, il a fallu qu'elle le fût toujours; mais dès qu'elle crée une autre force, en vertu de ma loi, qui se suit toujours elle-même, elle ne peut produire que la moitié de sa force. Si cette loi pouvait se violer, rien ne pourrait exister et rien n'existerait par la Justice.

J'ai pu créer des minéraux, des végé-taux, des animaux, qui, corps et âme, contiennent des parcelles de ma force, selon le but auquel je les ai destinés. Ils sortent entièrement de moi. Ils ont différentes formes, mais chacun d'eux reflète une de mes formes, un rayon de mon Etre; car moi, je contiens en moi toutes les formes de tous les êtres, depuis le plus petit jusqu'au plus grand.

J'ai pu créer l'homme et lui donner une partie de ma force-volonté, qui le rend libre dans ses actions, sachant opter entre ce qui est conforme à ma loi et ce qui ne l'est pas. Sur la terre, c'est l'être qui contient en soi une plus grande partie de ma ressemblance. Il est libre, non pas dans tous ses mouvements, il n'est point égal dans toutes ses parties, il ne voit pas de lui-même toutes les faces, qui changent continuellement comme tout ce qui est créé; mais sachant discerner le bien du mal, la lumière de l'ombre, pénétrant l'essence de ma loi, dont le but est l'harmonie universelle, et ce qui est contraire à cette harmonie et à l'accomplissement de ma loi. Il a la liberté de ne pas vivre; liberté que j'ai refusée à toutes les autres créatures de la terre, sans exception. La mort que j'ai créée n'est donc pas un mal. Elle n'existe que pour laisser à l'homme la liberté de la préférer au crime et au vice, qui tous deux sont contraires à ma loi de justice, laquelle loi, à défaut de la justice des hommes, par leur liberté, s'exécute toujours par le Temps, que j'ai créé exclusivement pour être mon Justicier sur la terre, et qui ne pourrait exercer cette justice, ni pour punir, ni pour récompenser, sans l'Espace, qui est le tribunal, la place, le sol, le pays, dans lequel il s'étend et opère ses mouvements de haute et de basse justice.

Mais, tout en accordant à l'homme tous ces privilèges qu'on appelle divins, parce qu'ils sont un de mes dons directs, je n'ai pu le créer immortel, éternel, immuable comme moi. En vertu de ma loi *que nulle force ne produit une autre force égale à elle,* il fallait qu'il fût mortel ! Il fallait que la forme dans laquelle je l'ai pétri fût passagère, et qu'outre ces différentes transformations inhérentes à toutes mes créations, sa forme entière, pétrie de matière et d'esprit, disparût, non selon ma volonté capricieuse, car je ne viole jamais ma loi, mais selon ma loi de justice. Ma justice l'a créé et ma justice aussi le décrée. Et s'il hâte ce moment de transformation par une mort volontaire, ma justice le reprend toujours et lui indique la place qu'il a méritée, soit par ses vertus, soit par ses vices, comme déjà je l'ai rangé, dès sa naissance, par les dons que je lui ai octroyés ou refusés, selon le but que ma justice inviolante et inviolable lui a assigné !

DEUXIÈME DICTÉE

Sur d'autres planètes que la terre j'ai créé des êtres supérieurs à l'homme, que quelques humains ont entrevus dans leur séjour antérieur à la vie terrestre et dont ils ont un vague souvenir. Car tout ce que l'homme croit inventer par son imagination n'est qu'un souvenir. Son imagination même est un reflet de mon être dans son âme. Tous les êtres imaginés par lui existent quelque part. Il les a vus et il en garde un faible souvenir. Ces êtres supérieurs, comme l'homme, sont composés d'esprit et de matière. Tout ce qui existe dans toutes les planètes, dans tous les éléments, est composé d'esprit et de matière. Les astres ne diffèrent entre eux que par la répartition des différentes doses de ces essences. La qualité des êtres se manifeste par la quantité différentielle de ces doses spirituelles. Leur qualité est égale en tous, puisque tous sont créés par moi. L'inégalité en eux provient de leur dose différente de matière et d'esprit. Tel être ne contient qu'un grain spirituel contre cent parties de matière. Tel autre contient en soi cent parties d'essence spirituelle contre une minime parcelle de matière inerte. J'ai donc pu créer des êtres supérieurs à l'homme, en ce sens qu'ils contiennent en eux moins de matière et plus d'esprit. ou plutôt plus de raison qui se voit elle-même sous plusieurs faces et qui se connaît mieux que la raison de l'homme, parce qu'elle pénètre plus avant dans ma loi et sait se l'appliquer avec plus de constance et de persévérance, avec moins de défaillance et d'intermittence. Mais *ces êtres sont mortels comme l'homme, attendu qu'en vertu de ma loi que nulle force ne saurait créer une autre force égale à elle, je ne puis créer un être immortel égal à. moi.* Ces êtres que l'homme appelle *anges,* qu'il se figure avec des ailes parce qu'ils peuvent se mouvoir avec plus de facilité que l'homme et parce qu'ils traversent des espaces infinis avec des mouvements aisés et rapides, ont des vertus et des vices et sont justiciables de ma loi. Ils vivent plus longtemps que l'homme terrestre, mais ils meurent comme lui et comme lui ils ont la liberté de ne pas vivre et de se donner la mort. Et de même que l'homme, ils ont leur justice et leur état social; et si cette justice ne les atteint pas, quand ils manquent à leurs devoirs, ma justice incorruptible les frappe par le *Temps* et l'*Espace*, durant leur vie et après leur mort. Et de même encore que l'homme vertueux peut, par sa seule vertu, s'élever jusqu'à l'ange et entrer dans cette nouvelle vie, de même l'ange prévaricateur peut choir jusqu'à l'homme et en prendre la forme, en guise de châtiment, pour un certain laps de temps. L'ange aussi a ses degrés de vertu et sait s'élever à des degrés supérieurs que ma justice saura reconnaître et confirmer. Mais, en aucun cas, un être créé n'arrivera à l'individualité immortelle absolue, attendu qu'il ne saurait exister un être parfait, égal dans toutes ses parties et ne violant jamais sa loi, comme moi, le Créateur, par la seule raison qu'il m'est impossible de créer un être pareil. Que s'il pouvait exister, *il serait le Créateur et non le Créé*, et tout ce qui est créé, dès sa création, est destiné à un mouvement perpétuel et à une transformation continuelle. LE NÉANT N'EXISTE PAS. Le *Néant et l'Être sont identiques comme le plus grand mouvement et le plus grand repos.* Certains hommes qui en avaient une idée flottante, un vague souvenir, l'ont rêvé pour la future existence de l'homme et ont cru pouvoir s'y élever par des vertus et des anéantissements de matière. Ils se sont trompés, non dans l'inspiration, mais dans le but. L'homme, par des vertus, peut amoindrir sa matière et augmenter son essence individuelle; mais en voulant arriver au

Néant, ils ont méconnu ma loi. Il m'est impossible de créer le néant, pas plus que la perfection. Toute création est un corps composé. *Néant* et *Être* sont les deux bouts du même phénomène, et ce phénomène c'est *Moi, le Créateur unique et Un*, contenant tous les extrêmes et tous les milieux de toutes les existences créées et que je n'ai pu créer qu'en leur donnant à chacune une partie de ma force, non selon mon caprice, mais selon ma Justice, en les dosant et en les groupant pour contribuer à l'harmonie par les dissonances, et en leur donnant la liberté qui crée la vertu, par l'absorption de toutes les passions harmonisées, qui, isolées et dissonancées, deviennent des vices criards.

Et de même que l'ange peut déchoir jusqu'à l'homme, de même l'homme peut déchoir jusqu'à l'animal, jusqu'au végétal, jusqu'au minéral, encore que les existences de ce domaine puissent s'élever jusqu'à l'hominalité par leur propre volonté, si minime qu'elle soit, attendu qu'il n'existe pas un être créé sans un grain de volonté, en vertu toujours de ma loi qui veut que toute création issue de moi (et toutes sont sorties de ma main) contient, ne fût-ce qu'une parcelle infinitésimale, une dose impondérable d'esprit, qui se traduit en volonté, si écrasante que soit sa matière, par sa grosseur et sa dimension. *Il y a des pierres qui parlent!* Et la pierre sortant de la carrière étouffée, pour servir de pierre angulaire d'un temple ou d'un palais, a monté un degré et a été élevée en grade, non par hasard, mais par ma justice!

TROISIÈME DICTÉE

————

Étant, par ma volonté autonome, à peu près comme la pensée de l'homme, *qui se crée en créant, je suis seul un corps simple, égal dans toutes mes parties.*

N'existant que pour créer, je n'augmente ni ne diminue, car les corps composés, créés par mon corps simple, sortent et rentrent toujours dans mon essence, de manière à ne la faire jamais diminuer ni augmenter. La différence des êtres est dans leurs différents mouvements, selon la dose spirituelle que je mets en eux de mon corps simple en les créant.

Donc, nulle création, sans exception, n'est un corps simple dans toutes ses parties, attendu que ma force simple ne saurait créer une autre force égale à elle. Je ne puis être autre que je suis, ni violer ma loi. Si je pouvais violer ma loi, je la violerais de temps à autre, ne fût-ce que pour essayer. Nulle planète ne pourrait exister un jour! L'homme et toutes les créatures terrestres, ainsi que les créatures des sphères supérieures où l'homme peut arriver par ses vertus, disparaîtraient! L'Univers entier s'écroulerait et le Néant existerait! Si existe sans être créé, c'est qu'il faut que je sois comme je suis, toujours égal et identique à moi-même, pour créer les êtres composés selon ma loi de Justice. Car, tout ce qui est créé, l'est par la *Justice* dans toutes les planètes. Seulement, pour les êtres auxquels j'ai infusé la liberté de mouvement, cette *Justice* s'appelle *Justesse!* En vertu de cette *Justesse* les planètes gravitent l'une

autour de l'autre, se prêtent mutuellement la lumière et la chaleur, se touchent et s'évitent, à un cheveu près, contribuent à l'harmonie universelle et la conservation des créatures, qui se meuvent au-dessus et au-dessous d'elles. Tout corps créé donc est composé de matière et d'esprit, et c'est moi qui, en créant, crée la matière et l'anime par une dose de mon essence appelée spirituelle, *attendu qu'en créant je ne puis produire une force spirituelle absolue sans une dose de matière inerte, qui est sans mouvement.* De même l'homme qui m'imite ne saurait créer une œuvre spirituelle absolue sans matière, pas même énoncer une vérité sans la matérialiser, ni sans un grain d'erreur, pas plus qu'il ne pourrait allumer une lumière sans une mèche matérielle, ni penser une pensée sans l'organe matériel du cerveau. Cette dose spirituelle, je la mets dans chaque créature, conformément à la loi de la *Justice* et nullement à la loi de l'*Amour*, par caprice, faveur ou penchant. *Nul être créé n'est libre de n'être pas créé, dût-il se détruire!* Nul ne se rappelle avoir été consulté s'il voudrait naître ou non, exister sous sa forme dans laquelle il naît ou non! Il en sera de même de tout être après la mort, après la disparition de sa forme matérielle. Il n'a aucune liberté de choisir. Il faut qu'il se soumette à ma loi de Justice pour lui donner une nouvelle forme. Toute création est entièrement dans mon pouvoir; mais moi, le Créateur, je ne puis violer ma loi. L'horloge est entièrement dans la main de l'horloger; mais l'horloger suit sa loi, en vertu de laquelle il crée et fait marcher l'horloge qu'il peut transformer à sa guise, pour en ralentir ou en accélérer les mouvements, selon la

Justice qui s'appelle Justesse pour l'horloge. Les différents sexes qui engendrent et qui enfantent ne sont que mes ouvriers médiateurs, auxquels je donne la force créatrice mais bornée, selon la dose spirituelle plus ou moins grande que je mets en eux, toujours d'après ma loi de Justice !

A l'homme, j'ai donné une plus grande dose de mon essence libre qu'à toutes les autres créatures de la terre. Il peut ne pas accepter la vie, il peut violer les lois de sa matière et celles de ses co-créatures, il peut, étudiant ma loi, en vertu de laquelle il naît, l'imiter et ne vivre que pour d'autres existences ; mais dès qu'il meurt, il retombe sous ma loi de justice, et sans le consulter il revivra, ou agrandi, ou diminué dans un corps quelconque, selon les vertus qui ont diminué sa matière, ou selon les vices qui ont diminué son esprit. Car moi je n'existe que pour et dans mes créatures. Je ressens leurs bonheurs et leurs malheurs. Mon essence créatrice sort de moi et rentre en moi continuellement par la création et la mort des êtres créés par moi. Autrement je n'aurais point de raison d'être. Il n'y a jamais un moment d'arrêt dans toutes les existences. Toutes se transforment continuellement, les unes plus vite que les autres, et toutes sortent de moi et rentrent en moi sans cesse, avec plus ou moins d'arrêt dans des existences supérieures ou inférieures, avec plus ou moins de bonheurs matériels et spirituels, selon leur propre mérite et selon les dons que ma justice leur a octroyés. Il y a donc, en réalité, une égalité parfaite dans toutes les vies, non pas une égalité de mouvements, mais l'égalité de vie et de mort devant ma justice. Tous les êtres sont égaux devant ma loi. Ils ont tous la même origine et la même fin. Mais dans leurs pérégrinations ils se sentent plus ou moins élevés ou dégradés par leurs vertus et leurs vices, et cette satisfaction et ce mécontentement retentissent dans mon Être par leurs prières et leurs cris de douleur, comme le bonheur et le malheur d'un enfant se reflètent dans les âmes de ses père et mère.

QUATRIÈME DICTÉE

J'ai tout créé, tout ce qui existe dessus et dessous les planètes. Les existences sans liberté ont toutes été créées pour le bien de l'homme, même celles qui, comme les animaux, ont une certaine dose de liberté ; je les ai créés pour être les collaborateurs bienfaisants de l'homme, sans lui donner la permission de les tuer et de les manger ; *mais je n'ai créé ni le bien ni le mal, tous deux sont dans les mains de l'homme, par la liberté que je lui ai octroyée, privilège divin pour créer le bien par les vertus et le mal par les vices !*

Les hommes, me créant à leur image et violant leurs lois, m'ont attribué gratuitement la toute-puissance de violer les miennes. Puis, voyant le mal sourdre de dessous chacun de leurs pas homicides et fratricides, au lieu de s'en reconnaître les auteurs, ils ont mieux aimé m'en attribuer la création, non sans me faire cadeau en même temps d'un peu de bien créé par moi, pour eux. D'aucuns, pour se faciliter les crimes et les vices, flattant leurs viles passions charnelles, sont allés plus loin dans l'erreur qu'ils ont érigée en principe absolu. Savoir: que l'homme n'est pas libre, que dès sa naissance le Créateur a donné à chacun une nature forcée particulière, en vertu de laquelle l'un forcément fait le bien et l'autre le mal, sans aucune responsabilité personnelle quelconque, sinon devant la justice humaine, du moins devant la justice divine! Erreur sur erreur! Horreur sur horreur! Ténèbres sur ténèbres! sans aucun reflet de lumière! *Je n'ai créé ni le mal ni le bien.* Aucun mal surtout. Le bien que j'ai créé est tout entier dans les créations de la nature, sortie de ma loi, et dans la liberté de l'homme. Sans la liberté de l'homme, qui cultive la terre, soigne les animaux et aime ses semblables, le mal serait bientôt universel et l'univers disparaîtrait. Même les éléments se perturberaient et détruiraient la planète sur laquelle vivent les hommes.

L'homme, que j'ai créé à l'image de ma loi, est, pour ainsi dire, mon contremaître. Comme moi il crée et comme ma loi il ne produit jamais une force égale à la sienne, *car l'homme ne peut jamais créer une force libre comme la sienne.* Même pour créer un enfant charnel, il lui faut deux forces humaines réunies, et il n'en crée que la matière, qui peut se ressembler, en tant qu'issue des mêmes forces matérielles ; mais il n'en crée jamais la partie spirituelle, attendu que ces parties dans différents enfants des mêmes pères et mères ne se ressemblent jamais, d'aucune matière. La plus grande force divine que j'ai donnée à l'homme, c'est de l'avoir rendu maître absolu du bien et du mal par sa libre option entre les deux, moyennant ses vertus et ses vices. En imitant ma loi et ma justice, le bien jaillira de toutes ses actions et rejaillira sur lui, ses semblables et ses inférieurs. En violant ma loi et ma justice, il créera le mal, qui, comme le bien semé, germera et pullulera en un certain espace de temps et le dévorera lui et tous ceux qui ne se sont pas opposés à ces méfaits, qui ne les ont pas étouffés dans l'œuf, eux et les malfaiteurs réunis.

Les bonheurs et les malheurs des hommes sont entièrement dans leur pouvoir. Moi, je n'existe que pour mes créatures. L'homme, comme moi, n'existe que pour ses semblables, les forts pour les faibles, les pères pour les enfants, les valides pour les invalides, les riches pour les pauvres, et les hommes pour les femmes, plus faibles qu'eux. A mes yeux, il n'y a ni nationalité, ni race, ni couleur! J'ai fait sortir tous les mortels d'une seule famille pour leur indiquer l'unité de toutes mes créatures humaines, dont les différences mêmes doivent contribuer à l'harmonie du genre humain. J'ai créé une masse de zéros humains pour leur donner une grande valeur par les hommes chiffres. S'il y a tant de non-valeurs, ce n'est pas la faute de la création, qui a créé l'homme beau, fort, fait pour vivre heureux pendant des siècles, mais la faute des hommes mêmes, qui, corrompant leurs voies par des excès de chair, par l'exploitation des faibles par les forts, ont créé, non seulement d'horribles maladies pestilentielles, défigurant, dévirilisant, enlaidissant les hommes, raccourcissant leurs jours, mais encore amoindrissant les forces de la terre, en perturbant les lois des éléments, et ont fait un enfer de la terre, d'un éden qu'elle était.

Je n'ai créé aucune maladiè. Toute maladie, à l'origine, est le résultat des excès de table et d'amour contre nature. Sans compter celles qui suivent les guerres, suscitées pour des fruits dont on voulait jouir sans les avoir plantés et des femmes sans les avoir élevées et sans le choix libre de leur volonté !

Je n'ai pas créé la guerre. La guerre, comme tout mal, est un châtiment que le Temps, mon justicier, fait sortir du crime, à travers l'Espace. Elle ne disparaîtra pas, aussi longtemps que les hommes seront vicieux et criminels! De tous les maux, la guerre est le plus grand châtiment spontané, sortant logiquement des injustices des humains.

Je n'ai pas créé les insectes, les rongeurs et les reptiles pernicieux qui sortent spontanément de la saleté et de la malpropreté des hommes et de leurs habitations. Une terre bien cultivée rejette, toute seule, tous ces malfaiteurs de la nature. Autant entendre un homme sale me reprocher et m'attribuer les poux et la gale qui le dévorent. La terre, salement entretenue, a dans sa crinière des poux, selon sa dimension, qui s'appellent tigres, serpents, sauterelles, etc., etc. La ville mal entretenue, pleine d'ordures et d'immondices produites par la pauvreté, aura ses rongeurs et ses épidémies mortelles. En vertu de la solidarité, celui qui n'emploie pas toutes ses forces pour empêcher le mal est aussi coupable que le malfaiteur même et frappé comme lui; autrement nul fort ne songerait jamais à secourir un faible et ne ferait jamai son devoir envers lui.

Le bien que l'homme, pénétrant m loi et l'imitant, fait volontairemen s'appelle en langage humain *la Vertu*

Le bien que l'homme fait, forcé pa ses concitoyens plus forts que lui, ca si fort que soit un homme il y a tou jours, par l'association, des homme plus forts que lui, s'appelle *la Justice*

Par la vertu volontaire, l'homm exerçant la Justice est un *Juste!*

Par la justice, l'homme faisant so devoir exerce une vertu forcée et obli gatoire !

Toute la société humaine repose su ces deux piliers.

La justice par la vertu volontaire, è la vertu involontaire par la justic forcée.

Et là où la justice humaine, man quant à ses devoirs, n'imitant pas m loi, ne force pas ses membres d'exerce la vertu, même involontairement, là m justice divine intervient pour remettr l'équilibre, mais non pas avant un lap d'un certain nombre d'années, pendan lesquelles le mal, couvant et engendran ses vengeurs, produit d'autres mau qui dévorent leurs générateurs et le livrent à ma justice, qui, une fois faite rétablit l'équilibre, pour laisser au hommes la liberté d'en détruire le pass et d'en prévenir l'avenir !

DICTÉE RÉPÉTÉE

De même qu'en vertu de ma loi je n pauvais créer une force spirituelle san un mélange de matière, de même, en vertu de la même loi, que je ne viole jamais, il m'a été impossible de créer un corps quelconque tout à fait simple, égal dans ses parties, sans contenir en lui-même son contraste, la matière étant le contraste inhérent à l'esprit, dont l'harmonie et l'existence même sont intimement liées à ce contraste, sans lequel le corps créé ne saurait exister.

Ainsi il m'a été impossible de créer la vie sans mort, attendu que je ne puis créer un être immortel sans violer ma loi. Seulement à l'homme et à lui seul sur la terre j'ai donné la conscience de cette loi inéluctable. Non seulement par cette conscience il peut refuser la vie que je lui donne, ce qui est un pouvoir presque égal au mien, mais cette conscience seule est la garantie de sa liberté. Sans la mort et le pouvoir de se la donner à toute heure, l'homme faible serait forcément l'esclave de l'homme fort, et il m'a été impossible de créer des hommes forts sans les hommes faibles, leurs contrastes. Sans la mort et la conscience de son existence, il n'y aurait pas de vertu sur la terre et par conséquent pas de liberté. La bête ne peut pas être vertueuse, en eût-elle la volonté. Elle ne saurait se soustraire à la violence par la mort. Elle aurait beau vouloir résister de concourir à un vice ou à un crime, en eût-elle même la conscience, elle ne pourrait pas se soustraire par la mort à la volonté qui la domine et la subjugue. Loin donc d'être un mal, la mort est le premier et le souverain bien de l'humanité. Non seulement elle égalise la créature au créateur — ce qui n'existe dans aucune création de l'homme — mais encore elle est le seul cachet de la supériorité de l'homme, parce que seule elle est la garantie de sa liberté et de sa vertu, deux attributs qui, par le libre arbitre, mettent l'homme au-dessus de toute créature visible et invisible, connue et inconnue.

De même il m'a été impossible de créer, dans un monde inférieur, la lumière sans ombre, le jour sans nuit, et ainsi dans tous les domaines de toutes les choses existantes, spirituelles et matérielles. Pas de nombres pairs sans impairs, pas de voyelles sans consonnes, pas d'harmonie sans dissonance, pas de mâle sans femelle; nulle part, ni chez les animaux, ni dans les végétaux, ni dans les minéraux.

De même nulle force ne donne jamais que la moitié de sa force. Non seulement le soleil ne donne que la moitié de sa chaleur et de sa lumière, comme toute chaleur et toute lumière, mais par l'ombre il ne donne que la moitié de la moitié. Encore cette moitié doit-elle être raffraîchie par les nuages et les vents. La terre, comme toute autre planète, ne saurait supporter à la fois la chaleur du soleil que sur sa moitié, et encore ne la supporterait-elle pas sans les raffraîchissements que lui donnent la mer, les vents et les nuages.

De même l'homme, ni dans son art, ni dans ses passions, ne saurait donner que la moitié de sa force, sous peine d'éclater, ni pour le bien, ni pour le mal. L'homme vertueux a son ombre, ses orages et ses nuages, et n'est jamais à la hauteur de sa vertu, excepté par son affranchissement, par sa mort. De même pour le mal. Le méchant n'est jamais au bas niveau de sa méchanceté, excepté également par la mort.

Mais pour avoir créé des corps composés, je n'ai créé ni le mal ni le vice, par la raison que je n'ai créé ni le bien ni la vertu ; vertu et vice, le bien et le mal, sont exclusivement les attributs de l'homme, qu'il se crée par sa liberté et la conscience de la mort.

Moi, le Créateur, je n'ai créé aucun ministre du mal, aucun représentant des ténèbres, sous n'importe quel nom les hommes se les sont figurés. Si je tolère le mal, c'est qu'il n'est pas dans mon pouvoir de l'annihiler, vu qu'il est le mauvais fruit de la liberté de l'homme. Je ne puis que le châtier par mon justicier, en cas que les hommes eux-mêmes ne l'anéantissent ou ne le préviennent par leur propre justice.

J'ai créé des êtres inférieurs, des minéraux, des végétaux, des animaux, exclusivement pour l'homme. L'homme eût été impossible comme être libre sans ses collaborateurs, minéraux, végétaux et animaux, sans les astres auxquels j'ai refusé la liberté et que je force de se mouvoir, selon les lois mathématiques de la justice, pour servir à l'homme de guide, d'abri et de demeure. C'est dans les planètes que l'homme découvre l'essence de ma loi, avant même qu'il la sente dans son propre soi.

J'ai tout créé pour l'homme et son bonheur. Je lui ai créé tous les êtres pour le rendre heureux, durant toute sa vie, mais je lui ai laissé la liberté de se rendre malheureux par le vice et le mal. Il en a largement profité. Il a renoncé au bonheur, mais il n'a jamais renoncé à sa liberté. Il a jugé à propos qu'il valait mieux être malheureux et libre qu'être esclave et heureux, ayant toujours devant lui la ressource et le privilège de la mort. Même en niant cette liberté, pour se décharger du fardeau des devoirs qu'elle impose, en imputant le mal et les malheurs à moi tout seul, il la prouve ; car on ne peut nier une chose qui n'existe pas. Pour nier une chose, il faut qu'on ait une idée de la chose, et rien que cette idée en prouve l'existence. L'homme ne pourrait créer le nom d'une chose si la chose n'existait pas. Il n'aurait jamais pu dire le mot *Dieu*, si Dieu n'existait pas. Ce n'est pas l'homme qui aurait pu m'inventer. Il n'invente absolument rien. Il trouve, en cherchant certaines lois qui lui étaient inconnues, mais qui ne sont que les conséquences de ma loi unique, qui les contiennent toutes. Il ne saurait les inventer.

L'athée, en niant Dieu, en prouve l'existence par sa négation même. Autrement il n'existerait pas lui-même. Quelle que soit la force d'où il sort, c'est de cette force qu'il tient tout ce qu'il est et tout ce qu'il a, et son esprit et son corps, et son imagination et sa science, excepté le bien et le mal, la vertu et le vice, dont il est le seul créateur par sa liberté.

L'homme, dès sa création, a toujours été ce qu'il est. Tel on le voit aujourd'hui, tel il fut dès que je l'ai créé. Mais le monde des êtres qui l'entourent n'ont point été ce qu'ils sont, car la santé ou la maladie, la prospérité ou l'adversité, le bonheur ou le malheur de ces êtres, n'importe de quel degré de mouvement et de vitalité, dépendent exclusivement de l'homme, de sa justice ou de son injustice, de ses vertus ou de ses vices.

L'homme fut toujours un être libre, doué de génie, de talent et de dispositions naturelles pour les arts, l'agriculture et l'industrie, à différents degrés, contribuant à une harmonie universelle. Les êtres que j'ai créés pour lui sont tous des collaborateurs bienfaisants. Je n'ai pas créé un seul être, un seul animal de malfaisance. Ils sont tous des créations spontanées des vices et des injustices de l'homme, comme les insectes qui le dévorent sortent de sa propre malpropreté. Grâce à sa liberté et à ses vices volontaires, ces collaborateurs bienfaisants mêmes, auxquels il dénie leurs droits, en manquant à ses devoirs envers eux, dégénèrent, et au ieu de contribuer au bénéfice, au onheur d'une vie de paix et de félicité errestres, ils lui donnent la guerre, le alheur et la misère. En devenant misérables eux-mêmes par la prévarication e l'homme envers eux, ils communiquent leur misère à l'homme. Ils 'ont pas d'autre moyen de se venger. .e mal se venge par sa contagion, car l n'y a pas de mal dans toute la nature, ui ne soit la création des injustices, es prévarications et des crimes de 'homme envers les êtres inférieurs, que 'ai créés pour son bonheur et dont il ne eut se passer une heure. Il n'a rien à e reprocher, à moins qu'il ne me reroche le pouvoir que je lui ai donné e créer lui même son bonheur et son alheur ; le bonheur, soit par la vertu, ui est *le devoir volontaire* exercé envers les êtres inférieurs, soit par la *stice*, qui n'est autre qu'une *vertu rcée*, accompli envers ces mêmes res, et le malheur, soit par le manuement à ces devoirs par la force, r tout vice est un attentat envers un tre plus faible, soit par l'injustice marielle et jaillie d'une erreur spirituelle,

car toute vérité contient en elle un bonheur, et toute erreur une horreur!

CINQUIÈME DICTÉE

N'ayant pas créé le mal, l'abandonnant complètement à la liberté de l'homme, il me fut impossible de le punir le lendemain de sa perpétration, pas plus que de récompenser le bien quelque temps après son accomplissement.

Si le mal était puni et le bien récompensé immédiatement et sur la tête des individus, il n'y aurait absolument ni vertu ni vice et la liberté que j'ai donnée à l'homme ne servirait à rien Elle serait dérisoire, moins qu'un mot.

De plus, il n'y aurait plus la moindre vertu sur la terre et pas un seul honnête homme !

Non seulement il faut que le mal ne soit pas puni immédiatement après sa perpétration, mais, pour le salut de l'humanité, il faut qu'il ne soit pas puni seulement sur la tête du malfaiteur et que le châtiment s'étende sur plusieurs générations. Ainsi de la vertu et de sa récompense!

Si chaque acte de vertu était récompensé dès sa manifestation, dès son accomplissement, ce ne serait plus la vertu. Chacun se dirait : cet homme a fait du bien, il sera récompensé demain. Cela ne me regarde pas. Il connaît son intérêt ou son plaisir et il a agi en conséquence.

Un homme commet un crime. Qu'est-ce que cela fait à son prochain ? Il aura sûrement son affaire. Le châtiment l'atteindra le lendemain.

Le criminel lui-même dirait à la société : De quoi vous mêlez-vous? j'ai commis un crime, je sais ce qui m'attend. J'en ai assumé la responsabilité, je savais d'avance que je payerais ma dette. Je suis bien libre de mal faire, puisque je tends mon cou pour en recevoir le châtiment !

Et si ce châtiment devait se borner au criminel seul, il n'y aurait plus un honnête homme dans la société. L'homme, s'il était sûr que lui seul serait responsable, ne reculerait jamais devant un crime, si ce crime nourrit sa passion, ou flatte son ambition. Il dirait : Courte et bonne! Aujourd'hui le plaisir, demain la peine. On le tuerait même, il accepterait la mort individuelle comme un néant et se dirait : Du moins cela finira avec moi. Je suis bien libre de livrer ma peau. Ni mes enfants, ni mes amis n'en souffriront, chacun pour soi.

Si j'avais créé le mal, il faudrait absolument que je récompensasse le bien directement et immédiatement, mais ayant mis le bien et le mal dans la main et dans la liberté de l'homme, il a fallu abandonner au Temps et à l'Espace, et la récompense et le châtiment.

D'ailleurs, en récompensant le Juste immédiatement, le bien qu'il fait ne profiterait qu'à lui seul et serait contraire à son intention, tandis qu'en abandonnant la récompense au Temps, le bien qui jaillit de ses vertus, se double, se triple, se centuple et se répand par l'Espace et la solidarité sur des millions d'êtres, ce qui est la seule récompense que le Juste désire. Mais quant au mal, son influence néfaste ne s'étend que sur quelques générations et encore à condition que la justice humaine ne le frappe pas. Il est rare qu'elle tarde plus de vingt ou trente ans. Où est, d'ailleurs, le Juste qui ne fût récompensé au bout de cet espace de temps? Et s'il meurt, ce qui ne saurait que doubler sa récompense, car ma justice est partout ou nulle part, cette récompense se montrera flagrante, d'abord sur ses enfants, puis sur la cité dont il fut le citoyen, puis sur sa patrie et l'humanité. Si avant ce temps il était récompensé, il n'y aurait plus de liberté. La liberté n'est possible qu'en laissant à l'homme le temps nécessaire de faire le mal sans châtiment et le bien sans récompense. Et l'homme préfère la liberté à tous les biens de l'esclavage et pour la rendre bienfaisante, il n'y a que la justice volontaire ou forcée.

Le bien est contagieux comme le mal et s'étend sur des centaines de générations, tandis que le mal par la contagion même se dévore au bout de quelques années. MAIS NI LA VERTU, NI LE VICE NE SONT HÉRÉDITAIRES. Si la vertu était héréditaire il n'y aurait plus d'égalité. Si le vice était héréditaire, il n'y aurait plus de liberté. Le fils du criminel peut se réhabiliter par sa vertu, et le fils du Juste peut devenir criminel, mais non sans avoir savouré les fruits de la vertu de son père. C'est pourquoi ma justice est tardive. Elle ne compense rien. Elle attend pour frapper le fils du Juste devenu criminel qu'il ait épuisé le solde de la récompense et elle ne récompense le fils du criminel devenu vertueux, qu'après avoir payé la dette de son père.

Tous ces effets ne sont que des conséquences forcées de ma loi une et universelle.

En vertu de cette loi qui est la justice, j'ai mon justicier, l'exécuteur de mes jugements, toujours conformes à la loi.

Ce justicier n'est autre que le Temps, que j'ai créé exclusivement dans ce but et qui existera aussi longtemps qu'existera ma loi.

Ayant laissé l'homme et même l'ange maître de sa liberté pour le bien et le mal, pour la vertu et le vice, ma justice pour le bien et le mal ne pouvait s'exercer que par le Temps, selon le caractère et la nature de ce bien ou de ce mal.

Dès qu'un acte humain est consommé, le Temps s'en empare, le couve et en fait sortir les effets bienfaisants ou malfaisants. Et plus le Temps le tient sous sa couvaison, plus éclatants, plus puissants, plus étendus sortiront la récompense et le châtiment!

Le Temps lui-même n'exerce son jugement que par l'Espace, que j'ai créé exclusivement dans ce but. Par l'Espace les jugements du Temps deviennent solidaires et se répandent sur d'immenses étendues. A moins que les hommes, prévenant le Temps, ne frappent le mal immédiatement après sa manifestation et ne le détruisent dans sa racine. *Le bien récompensé par les hommes perd son étendue, se borne sur l'individu et perd sa prolongation pour des siècles à venir* :

De là une autre conséquence résultant de la même loi.

Parce que le Temps punit triplement le mal *non puni par les hommes, dès sa perpétration*, l'homme est aussi criminel de laisser commettre un crime que de le commettre lui-même, car ce crime non puni sur le criminel, s'étend par le Temps et l'Espace sur des milliers d'individus, hommes, bêtes, végé-

taux et minéraux, sans que je puisse e arrêter les effets universels, attendu qu je ne viole jamais ma loi.

Les êtres créés par moi sont for cément solidaires, au point, qu'u crime commis à mille lieues, se veng par le Temps et l'Espace, au bout d vingt ans, sur toute la société terrestre Seulement cette vengeance et ces châtiments s'arrêtent à la troisième ou à la quatrième génération par l'expiation, tandis que le bien exécuté dans un pays éloigné répand encore ses bienfaits au bout de mille ans sur toute l'humanité. La vertu d'un Machabée ou d'une Jeanne Darc exerce encore son influence au bout de plusieurs siècles. Il ne saurait en être autrement !

Si les êtres n'étaient pas solidaires, les faibles seraient partout les esclaves des forts et la liberté, seul bien de l'homme, n'existerait pas! Les crimes des forts ont beau frapper les faibles, les malheurs que ces crimes appellent sur les faibles, par la solidarité, atteindront en pleine poitrine les forts eux-mêmes et les rendront non seulement égaux, mais inférieurs à ces faibles. Et il n'y a pas de différence entre les hommes, les animaux, les végétaux et les minéraux.

Les astres n'en font pas exception. Les crimes des hommes et les malheurs, couvés par le Temps, réagissent sur les éléments, les troublent et de bienfaiteurs les transforment en fléaux!

L'hérédité du mal et sa contagion est une nécessité absolue pour les jugements du Temps par l'Espace.

Si le châtiment du mal par un plus grand mal qu'il engendre, n'était pas contagieux; s'il se bornait à quelques individus ou même à quelques groupes d'individus, l'homme, n'engageant que sa fortune, sa tête, ne reculerait devant aucune scélératesse, et payerait courageusement pour la satisfaction d'une passion. Il compromet même bien souvent toute une existence de jeunesse pour cinq minutes de volupté, parce qu'il croit que la peine, si peine il y a, ne dépasserait pas son corps et son individualité.

Si le mal n'était pas contagieux, les hommes ne feraient rien pour l'extirper dans sa racine. Ils laisseraient chacun abuser de sa liberté, en l'abandonnant à lui-même; chacun en abuserait et la société périrait. Et il n'y a pas différence entre le mal physique et le mal métaphysique. Il n'y a qu'une loi dans toutes les sphères. La malpropreté d'un individu, d'une cité, d'une province enfante des pestes qui dévorent des continents! Non seulement l'homme, par devoir, doit être propre, mais il doit empêcher son prochain d'être malpropre, soit de force, si le prochain en a les moyens, soit par la charité, s'il est trop pauvre pour se soigner. De même des provinces entières. De même pour les vices et les crimes qui, forcément, étendent leur solidarité contagieuse sur d'immenses étendues. Il en serait de même pour les erreurs spirituelles qui sont les mères des horreurs matérielles, si les hommes étaient sûrs de savoir, d'une manière absolue, ce qui est une vérité et ce qui est une erreur. Mais il est certaines erreurs universelles, reconnues comme telles dans toutes les sphères de tous les mondes, sur lesquelles aucune société ne peut être basée, et repoussées par tout homme sain de raison, qui rentrent dans cette catégorie! Faute d'avoir été extirpées

à la racine, sur un individu ou sur des groupes d'individus, elles se propagent, par contagion, sur des milliers et des milliers d'êtres, qui en deviennent les victimes expiatoires, selon ma loi de justice, en vertu de laquelle laisser commettre des crimes sans leur opposer jusqu'à la vie, est un acte aussi criminel que de les commettre soi-même. Les effets de ces crimes s'étendent toujours sur toutes les créatures de ma loi, auxquelles pour le bonheur de l'homme, j'ai refusé la liberté et dont l'homme mon être privilégié, le roi de la nature, doit être le protecteur et le défenseur, sous peine d'en devenir la victime, toujours en vertu de ma loi de solidarité universelle!

De même pour le bien. D'abord, la vérité comme la lumière éclaire et réchauffe à la fois et les vérités fondamentales se trouvent instinctivement chez tous les individus. Tout être a le sentiment du bien, même s'il fait le mal. Le sauvage, comme le sage, sait qu'il faut vivre pour autrui et tel sauvage qui dévore la chair de son ennemi, risque sa vie pour sauver un enfant qui n'est pas le sien. Le bien, d'ailleurs, s'étend, non seulement sur des générations, mais sur des siècles à venir. Une grande vertu exercée il y a trois mille ans, enfante mille vertus sur différentes nations et fait naître, non seulement des félicités spirituelles, mais encore des prospérités matérielles sans nombre, car il n'est pas de vertu dont les résultats bienfaisants se bornent seulement sur les âmes, elle étend toujours ses bienfaits même sur les corps. La santé aussi s'hérite de père en fils, mais là s'arrête l'hérédité. Car si le génie, le talent et la vertu étaient héréditaires de père en fils, quelques familles auraient dominé l'humanité entière. Or, en créant l'homme je l'ai créé *seul*, afin que tous les hommes, sortis d'une seule famille, soient égaux, non en couleurs et en stature, mais en esprit, liberté et volonté. Il n'y a qu'une humanité. Et l'harmonie humaine, comme toute harmonie, s'établit par des dissonnances extérieures qui, réunies, fondent et se suppléent. Il y a différents hommes extérieurs, mais une seule loi les unit et les domine, et cette loi est la mienne, d'où tous sont sortis. Et non seulement les hommes, mais tous les êtres créés ! Tous sont d'une absolue nécessité pour la beauté et l'harmonie de l'ensemble. Si un seul être manquait, le tout ne serait pas le tout. Il n'y aurait plus harmonie, mais dissonnance !

SIXIÈME DICTÉE

L'homme, comme s'il eût été honteux d'être d'une origine divine, et afin de s'abandonner, sans déroger, à toutes les vilenies terrestres, a cherché à faire remonter sa déchéance à sa naissance et naturellement s'est dit le fils, tantôt de la terre, tantôt d'un animal, et conséquemment chaque génération s'est déclarée un peu supérieure à la génération passée, chacune se disant : *Les vrais hommes ce sont nous ! Nos ancêtres ne nous valaient pas. Ils étaient trop près de leur origine sidérale ou animale.*

Une telle erreur ne peut sortir et prendre racine que dans une génération d'hommes déchus, descendus jusqu'aux degrés d'animaux. Il n'y a qu'un homme pareil qui puisse se dire fils de singe. S'il ne l'est pas, il le deviendra. Mais il ne pourrait l'être que par ma justice et ma loi.

D'après ma loi absolue, en vertu de laquelle aucune force ne produit une autre force égale à elle, la terre ni aucun animal ne sauraient produire un homme, si peu doué qu'il soit. La terre ni l'animal ne sont doués de liberté. *Ils ne pourraient créer un être qu'avec moitié moins de force qu'eux-mêmes.*

Et n'ayant pas de liberté, leur création en aurait encore moitié moins qu'eux. Donc l'homme, étant libre, si bornée que soit cette liberté, ne saurait sortir d'une planète, fût-ce le soleil, encore moins d'un animal.

Moi seul, par ma justice, je pourrais, d'animal qu'il était, lui insuffler une dose de liberté et en faire un homme, de même que je puis, mais seulement, s'il s'est animalisé lui-même par ses abjects vices, le faire rentrer dans le règne animal, au nom de la justice. Tous ceux qui se disent issus des singes, loin de l'avoir été, le deviendront ! Leur âge d'âne n'est pas derrière eux, mais devant eux.

L'homme a toujours été ce qu'il est ! Il est sorti de ma main, doué d'esprit et de matière, comme tous les êtres, mais avec une dose plus forte de mon essence divine, afin de pouvoir pénétrer ma loi et d'opter pour le bien ou le mal, par ses vertus et ses vices.

Il y a toujours eu des hommes de génie, connaissant ma loi aussi bien et même mieux que ceux d'aujourd'hui. La déchéance de l'homme date partiellement de la méconnaissance de ces lois et de son option pour les vices; en niant les vertus. *Il n'y a jamais eu une déchéance universelle !*

Toujours, au milieu des corruptions les plus générales, il y a eu des hommes de devoir et de sacrifice, qui, volontairement, ont pratiqué toutes les vertus et qui ont relevé leurs frères déchus, non sans expiation, pour les remettre dans la voie de la justice et de la vertu. Il en sera ainsi aussi longtemps qu'il y aura des hommes sur la terre. Là où les hommes de devoir gouvernent et font les lois, les hommes seront heureux, physiquement et spirituellement, autant qu'un mortel borné et limité peut l'être sur la terre, autant qu'un esprit divin, sacrifiant sa matière à un esprit, peut le devenir, après sa mort. Ils seront malheureux, physiquement et métaphysiquement, par les erreurs qu'ils professent, là où des hommes aux passions brutales, sacrifiant l'esprit à la matière et le devoir aux plaisirs, gouvernent et font accepter leurs erreurs aux peuples, erreurs toujours grosses d'horreurs, au bout de vingt ou trente ans!

Bien que l'homme fût toujours ce qu'il est, les êtres qui l'entourent ne furent point ce qu'ils sont, car la santé ou la maladie, le bonheur ou le malheur, la vie ou la mort de ces êtres, n'importe de quel degré de mouvement et de vitalité, dépendent exclusivement de l'homme, de sa justice ou de son injustice, de ses vertus ou de ses vices.

Lui-même grandit ou dégénère selon l'exercice de sa liberté. L'homme a toujours été un être libre, doué de génie, de talent à différents degrés. Les êtres que j'ai créés pour lui étaient tous des collaborateurs bienfaisants.

C'est grâce à sa liberté, à ses vices et à ses injustices que tous ces êtres dont il a violé les droits, en manquant à ses devoirs envers eux, qu'ils ont dégénéré et qu'au lieu de paix, de prospérité et de félicité, ils lui ont donné la guerre, le malheur et la misère. En devenant misérables, ils ont communiqué leur misère à l'homme, qui n'a rien à me reprocher, qui doit tout ce qu'il est, heureux ou malheureux, à lui et à sa liberté de pouvoir faire le mal, de pouvoir être injuste, de pouvoir rendre malheureux les humains plus faibles que lui, les animaux muets et les végétaux qui l'entourent.

Un autre privilège que j'ai donné à l'homme, don nécessaire, après lui avoir octroyé la liberté du mal, c'est la constance par la continuité de l'amour sexuel. Cette constance et cette fidélité, non seulement lui assurent des voluptés divines sur terre, mais le distinguent de toutes les créatures planétaires et conservent la santé et la vie de tous les enfants issus de cet amour.

Seule la femme de l'homme est menstruée.

Seule, parmi toutes les femelles, elle est toujours apte, soit qu'elle ait conçu, soit qu'elle nourrisse son enfant, à rendre l'homme heureux par l'amour.

Nulle femelle de la création terrestre n'a ce privilège, pas même la guenon!

De là vient que l'homme seul peut et doit être monogame.

De là le mariage céleste parmi les anges de constance et de vertu.

De là aussi la vertu, soit volontaire, soit forcée de la femme. Il n'est pas de plus grande crime social que l'adultère et la prostitution de la femme !

De là aussi la possibilité de la paix universelle, qui repose exclusivement sur la vertu de la femme.

La monogamie ne produit ni trop ni trop peu d'enfants et selon ma loi il y a égalité complète entre les deux sexes. Elle est la seule et unique garantie de la longévité de l'homme et de la paix.

La guerre est toujours le résultat forcé de la polygamie et de la polyandrie. Dès que la monogamie est violée tous les vices se déchaînent, la guerre sociale commence, d'abord dans les esprits, puis, dans les différents corps. L'équilibre entre les fruits de la terre et les besoins des hommes se rompt, le fort viole le droit du faible, surtout dans les droits à l'amour, le despotisme, — car le despote n'a pas d'autre raison d'existence que pour s'approprier les fruits et les femmes des autres, en les partageant avec ses valets de tyrannie, — le despotisme amène l'anarchie et l'anarchie enfante la dictature et le pouvoir arbitraire.

L'abîme appelle l'abîme. La guerre civile et étrangère, la guerre sous toutes ses hideuses formes, ensauvage la terre et les hommes et crée des fléaux, *que je n'ai pas créés!* Ils sont tous les fruits empoisonnés des passions brutales des hommes et produisent des déserts d'âmes, c'est-à-dire l'ignorance, la violence, la débauche, le vol, le viol, le rapt, l'assassinat, la violation de toutes les lois salutaires de la nature, qui, toutes, dérivent de la mienne.

La chute de l'homme est tout près, aussi bien aujourd'hui qu'il y a six mille ans. Elle est toujours venue et viendra toujours par la femme, soit par ses droits violés par l'homme, soit par la violation de ses devoirs, quand la société ne les lui impose par la force de la justice. La paix et le bonheur de l'humanité reposent sur la monogamie vo-lontaire de l'homme et la fidélité forcée de la femme, sur l'honneur du père et la vertu de la mère !

Mais il ne suffit pas à une société de proclamer des lois de vertu et de justice, il faut encore qu'elle n'en tolère la violation chez aucun peuple, du moins autant que cela est dans son pouvoir.

La polygamie ou la polyandrie dans un pays éloigné détournera, tôt ou tard, partout la monogamie et la vertu, soit par l'exemple du vice, soit par la guerre qu'elles provoquent dans tous les pays. En vertu de ma loi de solidarité, le peuple qui laisse commettre des crimes de lèse-loi est aussi coupable que celui qui les commet. Les fléaux qui surgissent spontanés de ces crimes, à trois mille lieues, viendront l'atteindre, sans qu'il ait le droit de se plaindre. Ayant créé tous les êtres, et leur ayant donné à tous une parcelle de mon essence, la solidarité entre eux, sans distinction, est une loi absolue ; solidarité de bien et du mal, car ce bien ou ce mal sortent d'eux-mêmes, et si j'en arrêtais le cours, je violerais ma propre loi, je ne saurais exister et tous les êtres créés disparaîtraient, en un clin d'œil. L'homme dès qu'il fait du bien fait la guerre à un mal et le détruit. Comme il y a toujours des hommes qui par leur liberté, ne fût-ce que pour la prouver, font du mal, il faut qu'il y en ait toujours, qui par cette même liberté, détruisent ce mal, d'abord par la justice, puis par la vertu. L'homme vertueux fait ce bien volontairement. La grande majorité des humains a l'instinct du bien, de ce qui est juste et de ce qui ne l'est pas. Mais cela ne suffit pas. Il faut que par la loi, basée sur la loi absolue, l'homme force son semblable à être vertueux et à faire le bien, au nom de la justice. La justice n'a pas d'autre but. *Il n'y a pas d'autre vertu que la justice volontaire, et il n'y a pas d'autre justice que la vertu forcée!* Seulement là, où les hommes manquent à la fois à la vertu et à la justice, mais là seulement, mon justicier, le Temps, rétablit l'équilibre, au bout de vingt ou de trente ans, par la destruction du mal et des malfaiteurs et par le rétablissement de ma loi! Ma justice est forcément longanime. Autrement la liberté ne saurait exister et il n'y aurait plus ni vice ni vertu, car vice et vertu sont identiques avec le mot liberté. Ma justice attend toujours que les hommes, par la leur, basée sur la mienne, reviennent à la vertu.

Là seulement où cette justice humaine manque, mon justicier, le Temps, intervient, non par des miracles, je ne viole jamais mes lois, qui sont celles de la nature, mais par des effets naturels, qui percent la coque de leurs causes, comme le poussin perce un œuf couvé. Et c'est là ce que les hommes appellent : *l'histoire* et qui ne fut ni ne sera jamais que le tribunal matériel de ma loi spirituelle!

SEPTIÈME DICTÉE

Les premiers hommes, suivant ma loi, ont vécu fraternellement ensemble, en cultivant la terre qui leur rendait au centuple leurs travaux, représentant les devoirs de l'homme envers les animaux et les végétaux. Il n'y avait pas d'animaux malfaisants, car moi, le créateur je n'ai jamais créé rien de malfaisant. C'est contraire à ma loi. L'animal et l'oiseau de proie, le reptile venimeux sont les gros insectes sortis de la terre non cultivée selon son droit, ou malproprement tenue, ou ensauvagée par la guerre, comme le poux, la puce sortent des malpropretés du corps humain, comme les punaises, les rats sont les créations spontanées des malpropretés des villes et des maisons, comme le ver sort de la pourriture, comme les pestes, les choléras et les fièvres pernicieuses naissent de la violation des principes d'hygiène et des excès de table et d'amour!

Je n'ai créé aucune maladie. Il n'y a pas d'autres maladies dans la nature que celles qui jaillissent naturellement des violations de cette même nature par les hommes. Partout où ces lois sont violées, ces maladies sont inévitables. On peut les prédire à coup sûr, car il n'est pas de pouvoir qui puisse détacher les effets de leurs causes. Contre la loi, il n'y a pas de lois!

L'homme, dans sa nature primitive, aussi longtemps qu'il a vécu monogame est arrivé à un âge qui parait fabuleux aux hommes d'aujourd'hui. A mesure que l'homme est déchu par la violation de la loi et la guerre qui s'en est suivie, son âge a toujours diminué, et avec la diminution de l'âge la diminution de sa croissance. Ayant manqué à tous ses devoirs envers les êtres plus faibles que lui, ces êtres sont devenus ses ennemis. car tout fort qui ne fait pas son devoir envers le faible, est frappé par les mêmes calamités et les mêmes maladies que sa tyrannie évoque. Le faible mourant saisit le fort, lui lègue toutes ses douleurs et lui lance toutes ses malédictions en pleine poitrine. En peu de temps, le fort devient inférieur en force à toutes ses victimes !

Les premiers hommes, avec leurs femmes, ont atteint des âges angéliques. Dès que l'homme a cessé d'être monogame, que les hommes forts se sont emparés des belles filles de la terre, en privant les hommes plus faibles de leurs droits d'amour, l'harmonie de la terre s'est troublée. L'homme, violant sa nature, s'est affaibli ; la polygamie, non seulement tue la virilité avant l'âge, elle tue encore le cerveau, le vase contenant l'esprit et la raison. Elle rend l'homme voluptueux et cruel, car toute volupté illégitime amène la cruauté. Les hommes privés de femmes s'adonnent à des vices contre nature et mortels, ou s'assemblent pour se révolter. La guerre éclate. La terre n'est plus cultivée, les animaux sont sacrifiés. On se bat pour des fruits qu'on n'a pas plantés. Des animaux malfaisants surgissent, innombrables, de la terre ensauvagée ! Des pays entiers, réputés pour leur fertilité, se transforment en déserts, les rivières se dessèchent, les montagnes se déboisent, les fleuves devenus de formidables inondations en déluges, détruisent de fond en comble de vastes contrées dont ils bouleversent le sol, entraînant dans leurs flots boueux hommes, bestiaux, palais, chaumières, herbes et fruits, et ne laissant derrière eux que ruines, misères, pestes et une abréviation de vie qui va toujours diminuant.

Le déluge n'est pas un châtiment miraculeux. C'est un cataclysme naturel provoqué par les criardes et longues injustices des hommes, par la violation continue des devoirs des fo[rts] contre les faibles, pour lesquels je [les] ai créés ; déluge devant lequel il n'y [a] plus ni fort ni faible, tout au plus [un] homme juste comme Noé.

Si les hommes revenaient à ma l[oi] identique avec les lois de la nature [qui] en sont les reflets, s'ils pratiquaient [la] vertu, la justice spontanée et la just[ice] imposée, s'ils vivaient en paix (et il [n'y] a pas d'autre paix que par les devo[irs] des forts envers les faibles), non se[u]lement la terre centuplerait ses bie[n]faits, non seulement les animaux [de]viendraient tous des amis, au lieu d'ê[tre] des ennemis ; non seulement tous [les] animaux malfaisants disparaîtraient [en] moins de cinquante ans, mais les m[a]ladies mortelles, n'ayant plus de germ[es] ni racines, ne jaillissant plus des co[r]ruptions provoquées par la violation [de] toutes les lois d'hygiène et d'amour, par d'atroces guerres, traînant derri[ère] elles la famine, la misère et la mort, [les] hommes atteindraient de nouveau [des] âges qui paraissent extraordinaires a[ux] vieillards de ce siècle. Il y a plus. L[es] éléments eux-mêmes, êtres inférieurs [à] l'homme, n'ayant pas la liberté de leu[rs] mouvements, ne se corrompraie[nt] plus, comme ils le font, la terre éta[nt] partout cultivée selon ses lois, sans ê[tre] ni négligée ni surmenée, et la pa[ix] régnant entre tous les hommes de l'U[ni]vers, les éléments suivraient leurs mo[u]vements réguliers, les saisons ne s'int[er]vertiraient plus, des canaux joindraie[nt] toutes les mers en très peu de temp[s] et l'homme, vivant monogamiqueme[nt] verrait l'âge d'or sur la terre, qu[i] ne connaît que par son imagination, av[ec] toutes ses bénédictions, avec toutes s[es] félicités angéliques !

HUITIÈME DICTÉE

———

N'ayant créé ni le mal ni la maladie, ni la vertu ni le vice, il m'est impossible, en suivant ma loi, de couper un effet de sa cause et d'arrêter les conséquences forcées que le Temps tire d'un méfait et d'un crime, moyennant, ce que les hommes appellent le pardon, la rémission des péchés ou l'absolution. L'homme qui ne suit pas toujours sa loi, dont la liberté est capricieuse, qui, tantôt est vertueux et tantôt vicieux; l'homme, être créé et composé de matière et d'esprit, s'il ne peut pas faire qu'une chose faite ne le soit pas, il peut du moins pardonner un méfait, en s'efforçant de l'oublier, car tout pardon est oubli. Mais moi, selon ma loi, je ne puis oublier. Car si ma loi oubliait un méfait, ou un bienfait, elle les oublierait tous. Si je pouvais pardonner un crime irréparable, je les pardonnerais tous, et comme les hommes ne se rendent malheureux que par leurs vices et leurs crimes, comme il n'y a absolument pas d'autres maux dans la création que ceux qui sont les effets de leurs injustices, de leurs prévarications et des manquements à leurs devoirs, pas même les catastrophes de la terre, il n'y aurait plus, il n'y aurait jamais eu ni douleurs, ni malheurs. Une fois les crimes et les méfaits pardonnés, et leurs effets naturels annihilés par l'absolution, les hommes eussent toujours été heureux, il n'y aurait eu ni guerre, qui toujours est un châtiment, ni peste, ni famine, ni calamité. Mais il n'y aurait pas eu de liberté non plus, car la liberté suppose le mal avec son châtiment par le temps. Le mal réparable et réparé, soit volontairement par repentir et vertu, soit forcément par la justice exécutive, peut être pardonné et l'est en effet. Le Temps ne s'en empare pas. S'en fût-il même saisi, il s'en dessaisit par la réparation et l'amende honorable; mais un mal irréparable, un assassinat, un vol non restitué ou non restituable, nul pouvoir, nulle volonté ne saurait l'empêcher d'en couver les conséquences mortelles.

Cette idée du pardon est une erreur-effet, sortie d'une erreur-cause et capitale. Car l'erreur a sa logique comme la vérité.

Elles se découvrent l'une l'autre comme les feuilles d'oignon. La logique n'est autre chose que la force obligatoire qui tire toutes les lois conséquences de ma Loi origine. Elle est partout, dans le bien comme dans le mal. C'est la vie de tous les êtres. Un organe est la conséquence logique d'un autre, comme toutes les existences sont des effets sortis de ma cause autonome.

L'homme, m'ayant attribué le mal comme une de mes créations, soit par moi-même, soit par un délégué, qu'ils appelaient Arimane ou Satan ou Diable, délégué que je pouvais révoquer ou démentir, ils m'ont en même temps accordé le pouvoir conséquent d'anéantir, par ma volonté, le même mal que par la même volonté j'ai créé. Et comme ils ont bien voulu me croire bon et m'attribuer quelques-unes de leurs vertus, ils m'ont fait pardonner des crimes abominables, bien que les effets, sortis de ces crimes, les aient affligés sans ménagements. Ils n'ont pas songé, un instant, que si, selon ma loi, je pouvais annihiler un fait et ses conséquences par une toute puissance illogique, tantôt en violant ma loi, tantôt en la poussant à l'absurde, au lieu de pardonner au criminel, c'est-à-dire, au lieu de faire qu'une chose faite ne le fût plus, j'aurais annihilé le crime même, en ressuscitant l'assassiné, ou en restituant le vol au volé. Pourquoi m'arrêter à une bonté limitée? Si je suis tout *Amour*, sans être toute *Justice*, il n'y a pas de raison logique qui me fasse aimer mieux et plus l'assassin que l'assassiné, le voleur que le volé. Il est des hommes qui ont cette bonté-là. Ils ne sont bons que pour les méchants, parce qu'au fond ils ont toutes les passions et toutes les velléités de la méchanceté. En les pardonnant dans leurs semblables, ils se pardonnent d'avance les crimes qu'ils commettraient, si l'occasion se présentait, ou s'ils en avaient la force d'exécution, car ces sortes de criminels *in petto* sont d'ordinaire des hommes très faibles. Leurs organes physiques, affaiblis par des excès, ont corrompu leur esprit comme un vase sali, mal nettoyé ou d'une matière malsaine corrompt la liqueur qu'il contient.

Mais une idée plus abominable encore a engagé l'homme à m'attribuer le pouvoir impie d'absoudre des criminels, qui ont commis d'horribles crimes irréparables. Non seulement ils ont voulu innocenter leurs crimes, en niant leur liberté, en disant que je les avais créés avec d'affreuses passions pour faire le mal qu'ils ne pouvaient ne pas faire, mais les crimes commis, ils ont cru apaiser leurs remords en me corrompant, comme on corrompt un juge ou un roi puissant. Et de même que dans leurs prières, ils ne font que me demander des faveurs, méritées et non méritées, de même ils me supplient d'oublier tout le mal qu'ils ont fait, en me promettant de ne plus en commettre, principalement à un âge où leur nature physique affaiblie n'a plus assez de puissance pour en faire, privée qu'elle est des passions ardentes de la jeunesse.

Ils croient pouvoir me tromper en se trompant eux-mêmes. Ils se font en même temps la demande et la réponse, voire même la réponse avant la demande. Et comme après tout je ne leur ai jamais répondu, comme je ne leur ai donné aucun signe de pardon, ils m'ont remplacé par un de leurs semblables, auquel ils ont accordé le pouvoir de pardonner, en mon nom. Jamais plus abominable absurdité ne fut inventée par l'homme! Jamais le libre arbitre du mal n'a poussé le mensonge et l'hypocrisie à un tel extrême! Car ce sont les hommes eux-mêmes qui ont créé ce pouvoir infaillible, et qui ne fut créé par eux que dans l'intention d'absoudre leurs crimes les plus violents et leurs abominations les plus odieuses. Ce fut en leur main l'instrument à la fois le plus sûr et le plus violent du despotisme le plus enragé, de la tyrannie la plus affolée. Jamais pardon n'a produit le moindre bien! Car si même le criminel fort s'arrête dans ses crimes, ce n'est pas parce qu'il se croit pardonné pour ses crimes passés, mais parce qu'au contraire, sa conscience, qui est une parcelle de mon essence que j'ai déposée en lui, les lui reproche et qu'il espère les racheter par des sacrifices de devoir et de vertu. Il espère une compensation et se fait lui-même une moyenne de vertus et de vices. Cela encore est contraire à ma loi. Le Temps, qui n'oublie rien, tire les châtiments du vice et la récompense de la vertu, non seulement sur l'homme mais sur ses descendants, et si ses vices dépassent les sphères domestiques, s'ils concernent la masse, cette masse, qui n'a pas su les empêcher ou les prévenir par la justice, en payera elle-même les frais et en subira les conséquences. D'ordinaire le pardon n'est qu'une excitation au crime et au vice, même s'il est conditionnel. Et comme, en effet, là où le peuple y croit, il n'y a bientôt plus un honnête homme, ni une honnête femme, ce peuple, en très peu d'années, est accablé de douleurs, de malheurs et de fléaux exterminateurs. Car le Temps, mon justicier, n'a aucun égard au pardon ni à l'absolution que les méchants se font accorder par des scélérats privilégiés, auxquels eux-mêmes ont octroyé ce pouvoir. Il tire tous les effets de leurs vices non punis, de leurs crimes non vengés. Les hommes ont beau se croire pardonnés et absous pour les crimes passés, ils ont même beau s'arrêter dans la voie du mal, pour revenir au bien, les effets de ces crimes ne seront jamais annihilés, pour peu qu'ils soient irréparables. Ils éclateront comme la foudre sur la tête de ces soi-disant pardonnés et même sur la tête des pardonneurs et des absolvants, si haut qu'ils fussent placés et si près qu'ils se croient de moi, dont ils se déclarent les seuls chambellans, ayant l'entrée libre chez moi et auxquels seuls je prête l'oreille, bien que je les aie toujours laissés à la porte, exposés à toutes les misères, à tous les châtiments qui frappent les menteurs, les fourbes et les hypocrites, eux et leurs descendants, jusqu'à la quatrième génération, qu'ils protestent ou non, qu'ils y croient ou non !

Les peuples les plus malheureux de la terre, qui n'ont jamais eu une année de paix, qui ont été exposés, sans relâche, à tous les fléaux que le Temps tire des crimes des hommes pour les frapper, ont été précisément ceux-là qui ont cru au pardon par ma loi représentée par un prêtre et qui l'ont admis comme un dogme de foi. De toutes les erreurs humaines, c'est la plus dangereuse, la plus morbifère, la plus meurtrière, parce que de toutes, elle est la plus fausse, la plus mensongère et la plus folle !

NEUVIÈME DICTÉE

Les hommes, ne m'ayant jamais connu sous toutes mes faces, m'ayant attribué la création du mal, m'ont de tout temps et en tout lieu reproché de laisser le Juste aux prises avec l'adversité et de permettre au méchant de prospérer. Et naturellement, partant de cette prétendue injustice, ils ont nié toute ma justice ; d'aucuns même ont argué de cette soi-disant contradiction pour nier mon existence même. Cette accusation disparaît et se dissout dans la vérité de ma loi, comme toutes les objections des hommes, qui ne m'ont pas vu et qui n'ont pas la moindre notion, ni de mon essence ni de ma loi !

Je n'ai point d'autres justiciers que le Temps et l'Espace. Si méchant, si malfaisant que soit l'homme, le Temps ne le châtiera, qu'après avoir couvé son crime pendant des années, pour en faire sortir les conséquences. Si vertueux que soit l'homme, à son tour, il faut que pour recueillir le fruit de son sacrifice, il attende que le Temps l'ait mûri. C'est une vérité absolue. Or, le Temps n'agit que par l'Espace, représentant la solidarité universelle de tous les êtres. Mais avant d'arriver à la solidarité universelle, il commence par la solidarité restreinte, qui est celle de la famille. Sans solidarité il n'y aurait pas de liberté. Si l'homme était sûr de restreindre le châtiment de son mal sur lui seul, il n'y aurait jamais un homme vertueux! De même pour le bien. L'homme est trop paresseux pour ne travailler que pour lui-même. Si chacun, par sa vertu, devait se restreindre au bien qu'il espère en cueillir lui-même, nul ne ferait un grand sacrifice, et son libre arbitre n'aurait ni but ni étendue. Personne n'en sentirait l'effet, nul n'en verrait la lumière; et n'éclairant pas au loin, elle s'éteindrait dans l'obscurité. Je n'ai, d'ailleurs, pas créé l'homme pour qu'il ne travaille que pour soi-même. Le monde ne pourrait pas exister, puisque moi-même je n'existe que pour mes créatures. Non seulement, d'instinct, l'homme travaille toujours pour un autre, ne fût-ce que pour un animal, mais encore j'ai créé les forts pour les faibles, j'ai créé l'homme, roi par son esprit, pour des êtres inférieurs, parce que sans son travail, ces êtres ne pourraient pas exister, et par leur disparition, l'homme fort lui-même disparaîtrait.

Cette liberté, qui saute aux yeux de l'aveugle, qui, malgré tous les sophismes des ergoteurs humains, se sent dans chaque cœur humain, ne commence qu'avec la vie. Elle n'existe plus ni avant, ni après la vie terrestre, et elle ne ressuscitera que par ma justice, si cette justice la rappelle et l'incarne dans une autre vie. Nul mortel ne se rappelle la moindre volonté de son existence avant d'être né. Nul, non plus, ne sera plus libre, dès la disparition de la vie matérielle dont je l'ai revêtu. Je n'ai jamais consulté un homme avant sa naissance, pour lui demander ce qu'il veut être, homme, bête, plante ou ange. Je ne le consulterai pas non plus après sa mort. Malgré lui il vivra, malgré lui il mourra. Seulement, vivant, il a la liberté de refuser la vie et de mourir, seul privilège de liberté accordé à l'homme. C'est ma justice seule qui prononcera sur sa forme et sur son sort. Et c'est encore le Temps qui est mon justicier, pour l'homme, avant la vie et après la mort.

Or, outre qu'il n'y a pas un parfait Juste sur la terre, attendu *qu'aucun homme ne fut créé pour être parfaitement juste*, attendu encore qu'en le créant homme, il a déjà subi un jugement et très souvent un jugement de déchéance, par sa liberté, par sa vertu, l'homme juste aspire à se dépouiller de sa matière et à la transformer en esprit divin, dans l'espoir qu'il a, d'instinct, de s'élever jusqu'au degré des êtres supérieurs, vivant dans des sphères plus éthérées, moins affligés de matière offusquante et aveuglante.

Cet homme, si juste qu'il soit, ne saurait cueillir les fruits de sa justice avant vingt ou trente ans. Il faut au moins autant d'années pour que le

Temps fasse sortir les effets bienheureux de la vertu accomplie du Juste. Autrement il n'y aurait ni vertu ni liberté.

Mais, dira-t-on, et on l'a dit assez souvent, s'il n'est pas récompensé, qu'au moins il ne souffre pas et qu'il ne soit pas exposé aux maux solidaires qui le frappent comme les autres. Or, avant la grande solidarité, il y a la solidarité restreinte. Cet homme est le fils de quelqu'un, cette femme a eu une mère, toute une famille. Qui vous dit que les douleurs qu'il éprouve ne sont pas les conséquences forcées des défaillances personnelles ou des malfaisances de ses parents? C'est injuste, crie-t-on, le fils ne doit pas souffrir pour le père. En effet, la justice humaine ne doit frapper que le père coupable, autrement tous les hommes seraient condamnés, bien que, même dans la société humaine, le fils paye pour le crime du père et l'enfant d'un assassin ou d'un voleur, à moins de se réhabiliter, par une vie exemplaire—car le vice n'est pas héréditaire — paye très bien pour son père, même si le père a payé sa dette à la justice. Mais le Temps, étant mon seul justicier, la mort n'existe pas pour lui. Après la mort du coupable, ma justice, par le Temps, ne le ménagera pas, si son crime n'a pas été réparé, en d'autres termes, annihilé. Mais le châtiment une fois percé et vivant (car tout vit dans la nature, la mort même grouille et vit), ce châtiment ne ménage nullement le fils sur terre, pendant qu'il atteint le père dans une autre existence. Père et fils sont forcément solidaires, avant que tous les humains subissent cette solidarité pour des maux qu'ils ont laissé commettre; autrement

il n'y aurait pas un honnête père sur la terre! Seulement le fils juste, peut, soit en réparant le mal fait par le père, soit en se réhabilitant par de grandes vertus, détourner de lui le châtiment paternel et arriver, mais seulement au bout d'un certain laps de temps, à recueillir les fruits de ses vertus et à les répandre sur d'autres, ce qui pour le Juste est la récompense préférée. Il y a plus. De même que l'acte du père, même parti, retombe sur le fils, de même l'acte du fils réagit sur le père même disparu, pour le mal aussi bien que pour le bien. La noblesse du père ne fait pas autant d'honneur au fils que la noblesse acquise par le fils au père. La loi humaine en cela est encore un reflet de la loi divine, car je le répéterai toujours, il n'y a qu'une seule loi dans toutes les planètes, dans toutes les sphères et pour toutes les existences. De même pour l'homme injuste qui prospère à l'apparence. Abstraction faite de sa conscience, et admis qu'il l'étouffe, cela d'abord ne durera qu'un certain nombre d'années, aussi longtemps que les effets de ses méfaits ne sont pas encore mûris par le Temps. Mais qui vous dit que cet homme ne recueille pas pendant des années les fruits des vertus antérieures ou de celles de son père et de sa mère? Ma justice n'oublie rien, et chaque cause a son effet. L'effet fleuri qui doit venir en vingt ans, ne détruit pas l'effet pourri d'une action faite également il y a vingt ans. Tout a son échéance, et tout est payé. Quand il aura dévoré ces fruits, dès que mon justicier a énoncé son jugement, cet homme est frappé, et il n'est en général monté si haut que pour s'écraser par la chute. Mais, objette-t-on, il en est qui meurent en apparence heureux, ayant épuisé tous les plaisirs de la vie terrestre, et qui ont atteint un âge très avancé. Cela est très naturel, soit que la récompense des bienfaits de la solidarité dont ils jouissent s'est étendue longuement sur eux, soit que l'époque de l'éclosion de leurs méfaits ne soit pas encore à sa maturité. Ce moment arrivé, le châtiment d'abord s'étend visiblement, au vu et au su de tout le monde, sur ses enfants et sa famille, et s'il a eu le pouvoir de commettre des crimes nationaux, sur toute la nation.

Et si ma justice s'étend sur ses descendants vivants, comment admettre un moment qu'elle s'arrête sur le coupable mort, auquel la mort enlève toute liberté?! *Ou ma Justice est partout, ou elle n'est nulle part.* Du moment qu'elle est visible sur les vivants, elle s'exerce forcément sur les morts, pour les récompenses aussi bien que pour les châtiments, dans les sphères supérieures comme dans les sphères inférieures.

Les humains, disant que je récompenserai le Juste et que je punirai le méchant après la mort, n'ont énoncé qu'une petite partie de la vérité. En cela ils n'ont encore vu qu'une face. La vérité, la voici ! *Il n'y a pas la moindre différence entre la vie et la mort, entre les vivants et les mourants.* La justice s'étend sur eux, depuis avant leur naissance jusqu'après leur mort. Le temps de leur liberté pour la vertu et le vice est bien court, il ne dure que pendant la vie terrestre. C'est en cela que l'homme tient en sa main son bonheur et son malheur. Ce bonheur et ce malheur sont, ou l'agrandissement ou la restriction de la liberté, de la connais-sance de sa loi identique à la mienne. L'homme vertueux tend à étendre, à élargir cette liberté et cette connaissance. Peu lui importe sa nature physique dont il veut se dépouiller, même aux dépens de ses plaisirs, même au risque des plus grandes douleurs matérielles, même en sacrifiant sa vie matérielle par le martyre. Il n'a qu'un but, se dépouiller de son revêtement charnel et élargir sa liberté et sa partie spirituelle. L'homme vicieux, au contraire, ne tend qu'à rétrécir sa partie intellectuelle, au profit de son corps matériel. Jamais criminel ne vise aux plaisirs de son âme. Le peu de liberté qui lui reste, il l'applique à sacrifier son esprit et sa conscience aux appétits voraces de son corps et à satisfaire toutes les passions de la matière brute. Donc, de prime abord, l'homme est le maître de sa liberté et de l'usage qu'il en fait. Ma justice n'intervient que par le Temps. Il faut laisser au Juste le temps d'agrandir son âme aux dépens du corps, et, à l'homme injuste, de rapetisser son âme au profit du corps. Le Juste qui, dans ce but, souffre à l'apparence, n'a pas à se plaindre, ni ne se plaint en réalité. Encore moins le méchant qui ne veut que jouir et qui jouit des plaisirs matériels. Déjà avant leur double naissance, ma justice a exercé sur eux son jugement. Le Juste, dès sa naissance, a été doué de plus d'âme que de matière, le méchant de plus de matière que d'âme. Tous les deux ont assez de liberté pour changer leur sort. Le méchant, par des efforts de liberté, peut se réhabiliter ; le Juste, par de mauvais emplois de sa liberté, peut souiller son âme, au profit du corps. Tel homme né pour être un Juste, meurt criminel ; tel autre né et déjà dégradé par ma justice, peut se réhabiliter et devenir un Juste. Mais cette liberté est bornée. L'homme, en naissant, traîne un boulet de galérien. La chaîne est plus ou moins longue, et voilà toute la différence. Il peut aussi, par ses vertus et sa bonne conduite, se libérer et sortir des bornes étroites de l'hominalité, c'est ce qu'il appelle entrer dans l'immortalité. L'homme a tous les instincts de la vérité, mais il ne sera jamais immortel! Il montera un degré dans l'échelle des êtres; il aura plus de liberté, plus de pénétration pour connaître et vivre selon ma loi; il vivra plus longtemps et aura moins de souffrances, ayant moins de matière opaque autour de son âme lucide, mais il mourra toujours; il passera toujours d'une vie à l'autre par mon justicier, qui lui assignera sa place, selon ses vertus et ses vices. De même le méchant déjà dégradé en naissant, a beau vouloir noyer son âme dans les plaisirs du corps, il ne peut se detruire, et s'il n'use pas de sa liberté pour se réhabiliter, pour s'élever au degré dans l'échelle des êtres, il descendra un degré de plus, avec moins de liberté encore, avec moins de connaissance, jusqu'à l'extinction de sa conscience, non pas entière, car ni l'âme ni le corps ne sauraient se détruire pour devenir néant, mais en lui laissant juste assez de connaissance pour connaître son malheur, sans pouvoir se relever, excepté par une suite non interrompue de châtiments.

A cela les hommes répondent: Qu'en savons-nous? Nous ne croyons qu'aux récompenses et qu'aux châtiments visibles dans ce monde-ci. Cela ne les empêche pas, les uns d'être vertueux, les autres d'être vicieux, sans se sou-cier, les uns de la récompense, ni les autres des châtiments à venir!

C'est qu'au fond, tout être humain a l'instinct de la vérité absolue et de ma loi. Car cette récompense et ce châtiment se voient très bien dans la vie terrestre. Tout homme juste, *au bout de quelques années*, le temps qu'il faut pour faire jaillir les fruits du tronc, est récompensé ici-bas même, d'abord par la considération de ses concitoyens, puis, par la bénédiction que ses vertus répandent sur ses enfants, ensuite sur ses concitoyens, et, finalement, sur tous ses semblables.

« Je n'ai jamais vu les enfants d'un homme juste, dit le Psalmiste, qui a entrevu ma loi, quémandant du pain. » De même, le châtiment frappe l'homme vicieux, au bout de quelques années, moins longues que celles de la récompense, parce que le mal, comme toute mauvaise herbe, pousse plus vite que le fruit savoureux du bien, pour peu que cet homme vive, et, s'il meurt auparavant, le châtiment s'appesantit sur la famille d'abord, puis sur la cité, qui n'a pas empêché ses crimes, ou qui ne les a pas frappés de sa justice, puis sur la nation, si ces crimes sont nationaux. Eh bien! puisque cette récompense et ce châtiment sont visibles dans la vie, quelle raison aura-t-on à nier cette justice après la mort, sur le criminel aussi bien que sur l'homme juste? Pour moi il n'y a pas de mort. La mort, loin d'être un mal, est le bienfait le plus divin que j'aie accordé à l'homme. Si l'homme ne mourait pas et qu'il ne le sût point, il serait esclave! Tous les hommes faibles seraient les esclaves des forts, et comme il n'y a absolument pas un homme tout à fait fort en présence dune force supérieure, ces faibles, se réunissant, subjugueraient, à leur tour, les forts et la guerre étant en permanence, l'humanité ne pourrait ni exister, ni même se penser. La mort seule égalise les forces des hommes. La mort seule empêche l'homme vertueux d'être l'esclave de l'homme vicieux plus fort, et retient le fort dans les limites de la raison. Sans la mort, le mot de liberté n'existerait même pas. D'ailleurs, *il me serait, il m'est impossible de créer un être qui ne meurt pas*, attendu que je ne puis absolument pas créer une force égale à la mienne. Ou j'existe comme Créateur, alors, MOI SEUL, JE NE MEURS PAS! Ou, si je n'existe pas, rien ne saurait exister car rien n'existe ni ne saurait exister, sans *Justice* ou sans *Justesse*. Les planètes sans *Justesse* s'écraseraient les unes les autres; le soleil brûlerait la terre! Si les mouvements des planètes n'étaient pas réglés, à un millimètre près, aucune ne pourrait exister ni fonctionner. De même le mouvement du sang dans les artères dont les voies innombrables sont mesurées, à un cheveu près. Nulle société, si petite ou si grande qu'elle soit, fût-elle composée de brigands, ne saurait exister un jour sans justice. Alors donc, quel que soit le nom que les hommes donnent à la force créatrice, qui a créé tous les êtres, visibles et invisibles, qu'on m'appelle Dieu ou Zeus, ou Jupiter, ou la Nature, ou le Hasard même, je n'ai jamais pu créer la moindre vie sans justice, et si je l'ai créée, c'est-à-dire lui avoir donné le souffle de la vie avant la naissance, comment admettre que ma justice s'arrête sur cette vie après la mort!

L'animal, la plante même a un instinct de cette vérité. Qu'un homme ait la force de nier, c'est par moi qu'il tient cette force. C'est moi qui lui ai donné la liberté de tout nier. Mais sa négation, même par la liberté, prouve mon existence. Je ne le punis pas pour cette pure négation, je ne le punis que quand, par cette négation, il commet des crimes envers mes autres créatures. Son éloge ni son blâme ne me touchent. L'homme qui me nie et qui est juste envers ses cocréatures, est préférable à l'homme qui chante mes éloges et qui agit en scélérat envers ses semblables. Tous les vrais hommes sentent cette vérité. Mes prophètes n'ont jamais fulminé leur verbe que contre les hypocrites, les faux dévots, les hommes *teints*, les faux pharisiens enfin, c'est-à-dire des hommes dont les actions ne sont pas conformes aux principes de vérité qu'ils énoncent. Et la majorité des hommes sont de cette catégorie. Ils simulent des vertus par des paroles, et une fois arrivés, ils ne cultivent que leurs vices, en sacrifiant les intérêts des faibles, pour lesquels ils ont été créés, à leurs misérables passions de la chair et à la vanité fugace de la vie terrestre. Pour ceux-là, le châtiment pousse vite, sinon pendant la vie sur leurs têtes mêmes, du moins sur leurs enfants, en cas qu'ils ne se réhabilitent pas par des vertus. Et si ces hommes-là meurent dans une prospérité apparente et luxueuse. parce que le Temps n'avait point encore mûri les effets des causes, on peut être sûr que ma justice envers eux n'en sera que plus rigoureuse, et qu'ils n'ont été ramenés à l'état de non-liberté, que pour les dégrader et les faire revivre dans des conditions inférieures pour de longs espaces de temps. Il n'y a pas d'autre dilemme. Ou ma justice existe, ou rien ne saurait exister. Si elle existe, il faut qu'elle fonctionne, aussi bien avant et après que pendant la vie de chaque être créé par elle.

Si elle existe dans un endroit de l'espace quelconque, il faut qu'elle s'exerce dans tous les espaces, dans toutes les sphères, sur le moindre petit être aussi bien que sur les corps immenses, sur le grain de sable de la terre, aussi bien que sur l'astre au firmament !

DIXIÈME DICTÉE

Contenant en moi toute les extrêmes, tous les contrastes, et les harmonisant, au point que je ne serais pas ce que je suis, si je ne réunissais pas en moi toutes les existences que je crée, toutes les lois qui régissent mes créatures, toutes les formes, toutes les vérités, toutes les idées et toutes les matières, l'homme n'a pu rien inventer, il n'a pu rien tirer de lui qui ne soit en moi. Son imagination, ses idées ne sont pas autochtones, c'est-à-dire créées par l'esprit de l'homme. Toutes ses idées, toutes ses pensées sont des souvenirs, ses inventions les plus hardies sont des lois, que j'ai d'abord mises dans son admirable corps et qu'il a vu fonctionner, dans une existence antérieure à sa vie terrestre, dont il a un vague souvenir, qui se transforme en une certitude ! Il passe sa vie terrestre à la relier à sa vie antérieure, en donnant une forme matérielle à son idée spirituelle. Il en

est de même de toutes les croyances religieuses, qui se sont manifestées chez les différentes nations sur la terre et qui, toutes, ont vu le jour de la réalisation par un homme, qui dans une vie supérieure à la vie terrestre, a entrevu une vérité qu'il proclame comme révélée par moi directement et à juste titre. Il l'a vue, mais très souvent il n'a vu qu'une face de ma loi, parce qu'aucun mortel ne peut me voir entièrement et vivre ! Nul mortel ne saura jamais expliquer avec sa raison, ni avec son souvenir *la cause en même temps effet, le Créateur se créant pour créer.* Il en sent bien la vérité absolue, mais il n'en pourra pas s'en rendre compte avec sa raison offusquée par la matière, avec sa vue intérieure bornée, tout en aspirant, d'instinct, par sa liberté. mère de toutes les vertus, à se dépouiller de sa chair aveuglante et à pénétrer plus avant dans mon essence lumineuse, pour se réchauffer aux splendeurs immortelles de ma loi autonome.

Aussi, presque toutes les croyances religieuses des hommes, forment-elles une partie de la vérité et de ma loi. Séparées et partielles, elles paraissent hasardées et fausses, mais harmonisées par leurs extrêmes, par les dissonnances mêmes, elles contribuent à la vérité absolue ; les erreurs flagrantes même n'en sont que des ombres, auxquelles on peut mesurer la vérité, comme on mesure la hauteur d'une montagne, à son ombre.

Ainsi, souvent le méchant meurt en pleine prospérité. On crie contre ma Justice, ignorant que son bonheur même est une aggravation de peine ; que mon justicier, le Temps, lui a laissé ces années de bonheur, soit pour que ce méchant puisse réparer le mal, s'il est réparable, soit pour couver les effets malfaisants en guise de châtiment pour un crime irréparable, soit pour que tout le bien qu'on lui doit soit épuisé! La mort alors le livre, pieds et poings liés, à ma justice, *Car ma Justice, étant absolument juste, ne saurait faire descendre un homme à un degré plus bas qu'il occupe par ses actions en mourant, ni plus haut qu'il s'est élevé par ses vertus!* Mais, voulant prendre le méchant dans toute sa dégradation matérielle, la mort le livre à ma justice pour le punir d'une longue et nouvelle existence dégradée dans un être inférieur. Donc, quand la Bible dit que Dieu a endurci le cœur de Pharaon, les hommes ont crié contre mon injustice. Comment! c'est moi, le Créateur qui empêche ma créature de se repentir et de revenir au bien! Nullement! Ma justice lui laisse assez de temps, vingt ans au moins, pour réparer les maux qui sont réparables, mais quand ce laps de temps est expiré, quand le mal n'est point réparé, ou qu'il soit irréparable, quand le châtiment-effet perce la coque de la cause, alors mon justicier, se dérobant, ne lui laisse plus une heure pour s'amender, le frappe, en *lui enlevant sa liberté,* le livre dans sa dégradation et le réincarne dans une existence inférieure, avec plus de matière et moins d'essence spirituelle, condamné à vivre esclave comme homme, ou muet dans un corps animal, ou sans mouvement, comme végétal, ou sans volonté, comme minéral. Le latin a senti la même vérité en disant : *Quod vult perdere Jupiter demental.*

De même, avec le Juste. Quand, au bout de quelques années, cet homme, aux dépens même des plus grandes douleurs, s'est continuellement dépouillé de sa matière, pour se spiritualiser, pour s'idéaliser et s'angéliser ; quand il a épuisé l'amer fruit du peu de mal qu'il a fait, je l'enlève, comme dit encore la Bible, pour le réincarner dans un être supérieur, tel que la mort, sa libératrice, l'a trouvé. L'homme est donc tout à fait libre par ses vertus ou ses vices de s'agrandir ou de s'avilir et ma justice ne lui fera pas de tort d'un cheveu. C'est ce que plusieurs religions différentes ont pressenti et entrevu, bien que ces religions ne se ressemblent pas et se trouvent séparées par de vastes mers et des continents immenses. Ainsi l'Indien a rêvé le Nirvanah. Le Nirvanah, tel que les hommes communs le comprennent, est une erreur. *Le néant n'existe pas,* en soi-même. Il n'est qu'une ombre qui s'harmonise dans mon Etre. Le néant par la mort existe encore moins, puisque la mort n'existe pas par elle-même et qu'elle n'est qu'un instrument dans la main de mon justicier, le Temps. Mais le Nirvanah moral, pour anéantir la partie matérielle et la transformer en essence spirituelle, existe! C'est une vérité partielle, il est vrai, mais une vérité! Cependant, loin de l'obtenir par pure contemplation et piété d'esprit et de corps, comme l'ont pensé certains Indiens philosophes, il ne peut s'obtenir, et encore d'une manière très restreinte, que par des vertus, des sacrifices et des dévouements actifs pour mes créatures. Avec chaque vertu, avec chaque sacrifice pour autrui, l'homme détruit en lui une parcelle de sa matière et la transforme en essence spirituelle. Poussé à l'extrême, non par une vie contemplative et paresseuse, dans la saleté du corps et le mépris de la santé, mais par des dévouements presque angéliques et surnaturels, l'homme peut s'élever jusqu'à l'ange. Le Temps, alors, au lieu de le frapper par la mort, l'enlève à la terre pour lui rendre pleine et entière justice qu'il ne saurait lui dénier.

Ce Juste donc, s'il meurt sans jouir sur la terre des bonheurs toujours limités de la matière, loin de subir une injustice, loin d'être malheureux, jouit sciemment, puisqu'il ne vise qu'à cela, de ma justice pleine et entière et s'élève dans un être supérieur, qu'il s'est créé lui-même par ses vertus et que nul pouvoir divin ne saurait lui refuser. Cette croyance rabbinique acceptée par quelques prêtres chrétiens, est donc une vérité réelle, que des hommes supérieurs, mes élus de toutes les nations, ont entrevue et proclamée, et dont tous les humains sentent, d'instinct, la réalité. De même, de la mort des enfants ou des êtres qui n'ont pas eu assez de liberté pour faire le mal. Leur mort peut être un châtiment pour les parents, mais pour eux-mêmes c'est, certes, une récompense. Ils sont venus au monde pour expier certains reliquats de punition d'une autre existence, car toute vie, même celle d'un enfant, contient en elle plus de douleurs que de joies, mais, quittant la terre sans avoir pu faire de mal, ils rentrent dans une existence supérieure, qu'ils ont méritée par des vertus dans une autre vie, et deviennent réellement, selon certaines croyances catholiques, *des Anges*, même des anges dont les vertus peuvent réagir sur leurs parents. Seulement, si les parents les tuent dans cette intention, leur crime leur ôte tout espoir ! Ces enfants qui peut-être auraient eu besoin de s'élever par les vertus de la vie terrestre, se vengeront alors sur leurs parents. La

solidarité, forcément universelle, ne se borne pas aux vivants seuls, ce serait peu de chose, ma loi embrasse, non seulement ce qui est et sera, mais ce qui fut. Autrement je ne serais pas le Tout. La solidarité s'étend sur les morts comme sur les vivants, d'autant qu'il n'y a absolument pas de morts, *que le mort n'est qu'un vivant sans liberté, jugé selon ses actions, pendant qu'il avait cette liberté pleine et entière, et réincarné par le Temps, mon justicier, dans une autre existence, toujours ou plus élevée ou plus avilie, selon ses vertus ou ses vices.*

L'idée mahométane, que nul ne meurt avant son temps, rentre dans cette catégorie de vérité partielle. Bien que l'homme soit libre pour la vertu et le vice, son entrée dans la vie terrestre a déjà lieu par un jugement du justicier le Temps. La majeure partie des humains sortent plusieurs fois de la terre et rentrent, les uns en s'amendant, en profitant d'une vie antérieure, car rien ne se perd par la mort, les autres, en se détériorant ; les uns, en s'élevant par des vertus, les autres, en se dégradant par les vices. Donc, si les uns meurent jeunes à côté des autres qui vivent vieux, c'est qu'en naissant, ou dégradés, il n'ont pas eu assez de force vitale, ou que supérieurs, ils n'avaient pas besoin de s'élever plus haut par une longue vie de justice et de vertu. C'était écrit ! dit le Musulman. *Mais où est alors la liberté*

Cet homme, si courte que fût son existence, a eu la liberté de s'élever par la vertu. La vertu n'exige pas une longue vie. D'un seul coup, elle peut s'élever au pinacle. S'il est mort avant l'âge de la raison, il doit forcément monter un degré, car il meurt sans péché. S'il est mort, ayant toute sa raison, il a pu ou s'élever ou s'avilir, n'eût-il vécu qu'un lustre! La différence par la brièveté ou la longévité n'est que dans la quantité! Elle n'est pas dans la qualité. Un tel qui a vécu vingt ans a pu s'élever plus haut ou descendre plus bas qu'un tel autre qui a vécu cent ans. Un homme qui, à vingt ans, meurt pour sauver un frère, ou pour sa patrie, ou qui à trente ans a créé des chefs-d'œuvre d'harmonie ou de vérité, a plus profité, par son libre arbitre et ses vertus, qu'un autre qui a vécu cent ans et qui n'a vécu que pour s'enrichir, lui et sa famille! C'est ce que tous les hommes sentent encore d'instinct. La longévité, qui, elle-même, est un décret de justice, n'est qu'une longueur de longe de plus, pour laisser à l'homme le temps de se perfectionner par le dépouillement de la matière, par l'exercice des vertus. Elle est dans une grande partie des vies humaines plutôt un châtiment qu'une récompense. Les biens dont a joui ce vieillard, il les doit rarement à ses vertus actuelles, il les doit, ou aux vertus de ses parents, ou aux vertus pratiquées dans une autre vie intérieure. S'il profite de cette longue vie pour épuiser ses créances au bien, sans s'élever au-dessus de la vie matérielle par des vertus spirituelles — et tout homme, si bas qu'il soit, possède ce pouvoir — sa longue vie ne lui prépare qu'une longue dégradation, mesurée sur les jours qu'il a employés à s'abrutir. Et comme il n'y a pas, à proprement parler, une vie longue, puisque devant moi, cent ans sont comme cent heures, puisque passés, ils ne comptent absolument que par les actions que l'homme a exécutées, bonnes ou mauvaises pendant sa vie; puisque le souvenir de ses plaisirs disparaît comme l'ombre d'un oiseau qui vole dans l'air et qu'il ne lui reste que des remords pour le mal et une joie surhumaine pour le bien, l'homme sent lui-même cette vérité, puisque, seul entre toutes les créatures, il sait qu'il va mourir et qu'il n'y a aucun pouvoir qui puisse empêcher le jeune de mourir plus tôt que le vieillard. C'est cette conscience de la mort qui fait la grandeur et la dignité de l'homme et qui fait, qu'à l'âge de vingt ans, il peut, par une vertu héroïque, s'élever au-dessus de tous les vieillards de son époque, n'ayant vécu que pour mourir vidés, dépouillés de tous leurs dons spirituels, aux dépens de quelques gouttes de miel enfiellé, et qui, en mourant, se présentent à mon justicier comme des soldats dégradés, qu'on envoie croupir dans une île déserte, pour combattre des dragons et des serpents! La liberté, comme un morceau de belle musique, ne se mesure pas sur sa longueur! Quelques mesures mélodieuses qui vivent des éternités, valent mieux que des volumes médiocres de musique sans mélodie, qui sont mort-nés ou disparaissent, après avoir vécu ce que vivent les roses, l'espace d'un matin!

L'enfer et le paradis sont des ombres de vérité matérialisée par les hommes inférieurs. De même le purgatoire.

Les hommes matériels se figurent le châtiment et la récompense matériels. *Mais il n'y a pas d'autre paradis qu'une élévation de vie terrestre en vie spirituelle, ni d'autre châtiment qu'une dégradation d'une vie spirituelle en vie matérielle. Il n'y a pas d'autre purgatoire qu'une nouvelle vie terrestre. Ma justice ne chôme pas. Nul être ne reste à l'état de vie inerte! Ou il monte, ou il descend!* Les existences inférieures sont des dégradations, les existences supérieures, des élévations. Tout se meut dans tous les Univers par la justice, et il n'y a ni répit ni remise. Le Temps, mon justicier, ne s'arrête pas une seconde. S'il s'arrêtait, rien ne pourrait exister. Les êtres ont besoin de repos. Moi-même je me repose dans mon mouvement perpétuel, puisque l'extrême mouvement et l'extrême repos se ressemblent, même à la vue, mais le Temps ne saurait s'arrêter, ni laisser une de mes créatures attendre son jugement. Dans la vie et dans la mort *qui ne sont qu'un seul mouvement dans un seul repos*, et qui sont un reflet de moi-même, il n'y a que la justice absolue, immuable, inexorable, mais telle est la grandeur divine de l'homme créé mon égal, que par sa liberté, n'eût-elle duré que cinq minutes, il peut dominer cette justice et la forcer à lui rendre tout ce qui lui est dû par ses vertus, sans craindre qu'elle ne dépasse ses pouvoirs et ses rigueurs, à elles, pour tout ce qu'il a mérité par ses vices !

ONZIÈME DICTÉE

Presque chaque peuple m'attribue une qualité particulière, celle qu'il préfère, celle que l'homme, instituant une religion, désire faire ressortir, ne fût ce parfois que pour créer de nouveau. Contenant en moi tous les attributs que l'homme peut inventer, le nouvel attribut n'est pas précisément un mensonge, mais ne représentant qu'une seule de mes faces. Seulement en voulant baser toute une religion sur un de ces attributs partiels, on se trompe et l'on tombe dans les plus grandes aberrations, dès qu'on en tire les conséquences sociales. Les hommes ont toujours modelé leur société sur l'idée qu'ils avaient conçue de mon Être.

Ils ont toujours calqué la terre sur leur ciel.

Et ne m'ayant vu que de côté, *du dos*, comme dit la Bible, leur société ne contenait que le revers d'une lumière contre mille parties d'ombres, société de malheureux avec une immense minorité d'hommes heureux. Car le bonheur et le malheur des hommes dépendent de la vérité ou de l'erreur qu'ils ont entrevues dans ma nature, la vérité étant partout, la mère de la prospérité intellectuelle et matérielle et l'erreur la marâtre de toutes les calamités matérielles et spirituelles.

Je ne suis pas jaloux des faux Dieux que l'on adore à côté de moi. La lumière n'est pas jalouse de ses ombres. Mais comme je ressens toutes les douleurs de mes créatures, comme toutes leurs perplexités, méritées ou non, ont un écho dans mon Être, je fais une guerre continuelle à ces faux dieux dont l'idée fausse est la cause première de tous les effets douloureux. Et cette guerre je ne la fais faire encore que par mon justicier le Temps, qui, après en avoir prouvé l'erreur spirituelle par les malheurs matériels, finit toujours par les rejeter dehors mes temples par de vigoureux coups de balai. Seulement cette guerre dure plus longtemps que celle que le Temps fait au mal et au vice, attendu qu'au fond, il y a toujours une partie de vérité dans le concept de la divinité et attendu qu'un peuple ne saurait vivre in jour sans vérité. Quant à m'imposer aux hommes par des révélations directes, ce serait attenter à sa liberté, ce serait violer ma loi. *Moi, la vérité absolue, je ne me révèle aux hommes que par la raison d'un homme supérieur, un de mes envoyés qui m'a mieux vu que les autres.* Comme cet homme, si près qu'il fût de moi, si excellents que fussent ses yeux intellectuels, est toujours soumis à l'erreur, à cause des parties opaques de sa matière, il se trouvera toujours des parties défectueuses, des ombres dans ses vérités. J'ai toujours eu des prophètes ou des philosophes élus dans toutes les nations, pour expliquer ma loi aux hommes, mais les hommes sont libres d'y conformer leurs actions, sous leur propre responsabilité.

On a dit que j'étais *l'Amour, que tout en moi est Amour.* On a cru baser toute une nouvelle religion sur cet attribut. On a dit : Le vieux Jéhovah n'avait rien d'humain. Il était cruel. Il n'était pas en communication avec l'humanité, par une nature aimante et humaine. Il nous faut un Dieu qui contienne en soi l'humanité et qui la comprenne par l'Amour; un Dieu qui n'est pas un Jéhovah vengeur et jaloux, mais un doux Jésus bon, plein d'amour, qui se sacrifie pour les hommes et qui, de son sang, lave toutes les taches de l'âme, toutes les souillures du cœur!

On a encore pris la partie pour le tout, au risque de me créer comme un être, violant sa loi fondamentale.

Certes, je suis l'amour, en ce sens que j'aime toutes mes créatures, puisqu'elles sortent toutes de moi, c'est l'essence de ma nature, comme c'est la nature de l'abeille de faire du miel, comme c'est la nature du ver à soie de filer de la soie.

Mais si je les aimais d'amour sans justice, elles ne pourraient exister un jour. L'amour humain d'un père et d'une mère pour leurs enfants, ne fait pas de distinction entre eux, à moins qu'ils n'aiment de préférence l'enfant la moins digne d'être aimé, c'est ce qui arrive souvent. L'amour paternel et maternel pardonne toutes les fautes, voire les crimes de leurs enfants, à moins que la société n'intervienne, et si cela était dans leur pouvoir ils les créeraient tous égaux en dons naturels et sociaux. C'est, en effet, l'amour chrétien, qui préfère un scélérat repenti à un Juste, qui absout tous les crimes, du moins par des formules et qui n'y met qu'une condition : *la foi, l'adulation de l'enfant pour la mère, représentée par l'Église.* Une société pareille est vouée à toutes les haines, à toutes les injustices. Ou ce principe arrive à la communauté de tous les biens, ce qui est contraire à ma loi, ayant créé tous les hommes inégaux — précisément pour arriver à l'harmonie de l'humanité, par l'accord des dissonnances naturelles, nulle autre égalité n'étant possible, — ou il arrive aux privilèges de quelques-uns qui se disent mes favoris, mes bien-aimés préférés et qui maintiennent ces privilèges, par la force brutale, en dehors de toute justice, en exploitant toutes les forces faibles. *J'ai de l'amour pour mes créatures, mais je ne les crée, ni ne les maintiens que par la justice. La justice est ma seule essence naturelle, absolue et inexorable. Si je n'étais pas la justice, je ne serais pas! Avec mon Être même la justice est! Elle durera tant que je durerai!* Les hommes sentant d'instinct ma loi, n'ont pu fonder la moindre société sans imiter ma justice, qu'ils ont entrevue dans la nature. Aussi longtemps qu'ils exercent cette justice, *en mon nom*, car il n'y en a pas d'autre, il vivent et prospèrent en paix. Dès que cette justice disparaît, le Temps s'empare de leurs crimes et exerce la mienne, au bout de vingt ans. Parfois, si ces crimes nationaux sont trop fréquents et trop odieux, ma justice s'exerce contre la nation entière, quelle condamne comme un scélérat collectif, car ma justice mesure au criminel avec la même mesure qu'il a mesuré à ses victimes. Mais cette justice faite, le criminel extirpé, les enfants peuvent se réhabiliter par de nouvelles vertus. Sans cette réhabilitation, ma justice s'exerce sur eux jusqu'à la quatrième génération, sans exception de personnes et de nationalités.

JE NE SUIS DONC PAS L'AMOUR, MAIS LA JUSTICE ! Avec l'amour sans justice, on ne saurait gouverner une maison, à plus forte raison des Univers. La justice n'a pas de préférence, n'a pas d'égard à des personnalités. Tout être qui sort de ma main ne prend sa forme et sa position qu'en vertu de la justice. Seulement ma *justice* contient en elle assez d'*amour*, pour laisser à tout être assez de marge à s'élever ou à s'avilir. Cet *amour* s'est surtout montré indulgent, paternel, plein de magnanimité envers l'homme, auquel j'ai donné le libre arbitre, en vertu duquel il peut même dominer la justice et la forcer de l'élever de plusieurs degrés. L'HOMME JUSTE EST SUPÉRIEUR A MA JUSTICE. *Elle ne pourrait par amour pour une autre créature*, lui enlever les dons divins et immortels, immortels dans son sens, pour une existence angélique, qu'il s'est créée par ses vertus, c'est-à-dire par sa justice

divine volontaire, qu'il a exercée envers mes autres créatures, que je n'ai pu créer autrement qu'elles sont, sans violer ma loi et pour lesquelles par amour j'ai créé des hommes forts, afin que par leurs devoirs accomplis, les faibles arrivent à la jouissance de tous leurs droits qui constituent le bonheur dont ils son susceptibles. Je ne suis donc pas l'Amour, mais la Justice, et par la justice seule les hommes peuvent arriver à jouir de tous les bonheurs que l'amour ne saurait leur donner ! Car ce que l'amour donne se perd par l'Injustice.

Aimer les hommes c'est être juste envers eux, afin qu'ils soient justes envers toutes les créatures, qui leur sont inférieures et d'où résulte leur propre bonheur.

Mettre l'amour au-dessus de la justice, c'est mettre le cœur de l'homme au dessus de sa raison. Le cœur ne reçoi la vie et l'impulsion que par le cerveau Sans la volonté et la pensée du cerveau le cœur n'est qu'un viscère, et peut être *l'organe* d'un crétin ou d'un fou !

DOUZIÈME DICTÉE

Les hommes, par la liberté, s'élevan les uns plus haut et les autres descendant plus bas, il me fut impossible de les créer égaux, car même si tous étaien égaux en dons, par leur liberté, cette égalité ne durerait pas un jour. Mais cette égalité s'est rétablie par ma justice, En vertu de ma justice j'ai créé les forts pour les faibles, aussi bien ans le règne planétaire que dans les omaines de l'Univers terrestre, et en vertu de cette même justice il n'y a pas par la liberté d'autre élévation, d'autre perfection possible que par le travail ou le sacrifice de l'un pour l'autre ; du fort pour le faible. C'est en faisant son devoir vers un plus faible que l'homme fort s'élève, et c'est en ne travaillant que pour lui, en exploitant un autre, qu'il se dégrade. En ceci il y a égalité complète dans mes créatures. La dernière d'entre elles peut s'élever, en travaillant pour une existence plus faible qu'elle.

Mais cette justice, dans et par la liberté de l'homme, n'est possible que par la vérité absolue de mon *Être-Un*, seule créateur de tous les êtres existants. Dès qu'on nie cette vérité absolue, l'homme perd, à l'instant même, et la liberté et le sentiment de la justice. Le bonheur des créatures humaines sur la terre est dans la vérité sur Dieu dans le Ciel. A mesure que les hommes se pénètrent de ma loi, ils se créent leur propre bonheur à tous, à mesure qu'ils s'en éloignent, ils s'accablent de malheurs qu'ils m'imputent à moi et qui ne sont jamais que les fruits de leurs erreurs et de leur ignorance voulue, malgré mes hommes élus qui, partout et de tout temps, ont entrevu et prêché la vérité à leurs semblables, parfois au risque de leur vie, se sachant immortels, ou plutôt sachant qu'ils ne mourraient pas et qu'ils revivraient, sous une forme plus parfaite, avec plus d'esprit que de matière.

Dès que les hommes ont nié ma force autonome, unique, créatrice de toutes les forces existantes, dans tous les mondes, ils ont perdu leur liberté et leur égalité par la perte de la justice. Certains peuples ont admis plusieurs forces créatrices, égales ou subordonnées les unes aux autres ; d'autres ont nié ou plutôt n'ont pas pu s'élever jusqu'à ma nature—*Une;* foyer et centre de tous les êtres. Les peuples, par leurs erreurs sur ma loi, ont créé des sociétés où il n'y avait ni liberté, ni égalité, ni justice, où neuf dixièmes des humains travaillaient pour un dixième de leurs semblables, sans pouvoir les rendre heureux. Avec l'idée de plusieurs forces autonomes et créatrices, l'une est subordonnée à l'autre, tout en ayant, à son tour, une autre force ou demi-force également subordonnée. Les forces supérieures n'ont pas été créées pour les forces inférieures, mais les forces inférieures sont censées être créées pour servir aveuglément les forces supérieures, sous menace de péril, en cas de désobéissance. De là une société de maîtres et d'esclaves, de patriciens et de plébéiens, de nobles et de serfs, sans aucune idée de justice et partant sans liberté, sans égalité devant la justice qui n'existe, d'ailleurs, pas. Dès que toutes les forces ne sont pas égales et libres devant ma force créatrice, seule justicière, le fort, au lieu d'accomplir ses devoirs envers le faible, ne songe qu'à ses droits de force et ne croit pas violer sa loi en exploitant la faiblesse. Et comme son erreur ne détruit pas ma vérité, comme ses injustices n'en sont pas moins couvées et mûries par le Temps, mon justicier; comme ces faibles exploités, non seulement ne produisent pas la moitié du travail dont ils sont capables, mais encore déversent tous leurs malheurs sur les têtes des forts, en vertu de ma loi de solidarité, il s'ensuit que toute société basée sur une erreur métaphysique, en d'autres termes, qui méconnaît ou ne connaît pas ma loi, est vouée à la tyrannie des forts, à l'esclavage des faibles et aux malheurs de tous. De là vient que de grands penseurs, qui ont mieux pénétré mon essence, en se servant du langage humain, ont dit que je ne supportais pas de faux Dieux à côté de moi et que j'étais jaloux de l'adoration que les hommes leurs vouaient. Je les supporte très bien, car je ne viole pas la liberté de l'homme, que je ne lui retirerai jamais. Je ne suis point jaloux des idoles que les hommes ont élevées au rang des Dieux. Seulement comme leur existence même est la seule cause des crimes et des vices des hommes qui y croient, ma justice, au bout de quelque temps, frappe d'une manière inexorable, ces peuples idolâtres ou trinitaires et ces châtiments brisent tôt ou tard, ces idoles qui sont des Erreurs faites Dieux. Mais cette justice elle-même est l'œuvre de l'homme. Et si elle n'existait pas, si elle ne détruisait pas le mal par le châtiment, aucune société humaine ne pourrait exister. Nulle vertu ne serait plus possible et la liberté ne pourrait même pas s'articuler par un mot. Seulement comme il y a toujours, dans n'importe quelle société humaine, si profondes et si enracinées que soient ses erreurs sur ma loi, des hommes qui me connaissent mieux, pratiquant la justice par des vertus ; qui, forts, se sacrifient pour les faibles, qui, supérieurs, vivent pour leurs créatures inférieures, ma justice s'arrête toujours au bout de quelque temps et les bienfaits de ces Justes se répandent alors sur leurs semblables. Et la société, reve-

nant à la justice en imitant la mienne, peut avoir des intervalles de paix et de bonheur. Ces intervalles sont rares, car les hommes, ne fût-ce que pour exercer leur liberté, semblent préférer leurs erreurs avec leurs malheurs, à la vérité avec ses félicités, parce qu'en élevant les erreurs en guise d'idôles-Dieux, ils peuvent s'abandonner à tous les vices les plus honteux, à toutes les passions de la matière, les plus dévergondées. Et comme une suite d'injustices et de châtiments qui en sont issus comme effets, les générations, au lieu de s'élever, se sont toujours dégradées et renaissent dans cet état de dégradation, ces sociétés, dès leur renaissance, vouées à l'ignorance et à la médiocrité, ne pouvant, faute de force spirituelle, s'élever jusqu'à l'idéal de mon essence, s'enfoncent de plus en plus dans l'athéisme, dans les vices qui en sont les effets inévitables et se préparent des calamités sans fin, par la guerre, les maladies pestiférées et contagieuses, et par une ruine générale qui, en vertu de la solidarité, ne ménage personne et frappe le fort comme le faible !

De là encore un autre phénomène dans le monde métaphysique et physique, qui n'en font qu'un, n'ayant qu'une loi.

Dès qu'une société méconnaît mon Essence — Une, ma Loi — Une, ma Nature — Une et pratique l'idolâtrie, en adorant plusieurs forces comme autonomes, telles que le soleil, la mer, la terre, le règne animal sous différents noms, les générations qui suivent sont toujours ou athées ou idolâtres fanatiques.

L'athée, niant toute force supérieure et autonome, niant toute justice absolue, ne croyant qu'à la pure force matérielle, sur laquelle il règle ses actions, n'admet en tout que le droit du plus fort, auquel le faible doit être tributaire et pour lequel il a été créé. Peu lui importe de devenir lui-même la victime de cette force, fût-elle le résultat d'une association de petites forces, ne croyant à aucune justice, ni avant ni après la mort, il espère s'anéantir et ne plus rien sentir de la vie. Pour lui la vie n'a d'autre but que la jouissance matérielle et la conscience de se sentir fort, sauf à disparaître comme la fumée d'une locomotive, qui, d'ailleurs, ne disparaît pas du tout. Pour l'athée ma justice n'existe pas. Il ne la voit pas. Il n'a pas d'yeux intellectuels assez pénétrants pour la voir. Pour le croyant fanatique, par la foi sans raison, adorant, soit un homme ou un animal déifiés, car c'est tout un, comme un Dieu au-dessus de mes lois, et les violant selon son bon plaisir, comme un roi absolu et despotique, loin d'être la justice, son dieu est l'arbitraire, le caprice, aimant les uns, parce qu'ils le flattent, croyant à sa toute-puissance, même pour créer et dominer le mal, et réprouvant les autres, les abandonnant, pieds et poings liés, parce que ces autres ne croient pas en lui comme eux, avec plein pouvoir de les dépouiller de tous leurs droits terrestres, sous prétexte que Dieu, le protecteur des hommes de foi, ne recevrait pas ces hérétiques dans leur paradis, qu'ils se sont créé et dans lequel ils se promettent tous les plaisirs matériels qu'ils ont rêvés durant leur vie.

Tous les deux, athée et fanatique, sont des générations spontanées sorties des pourritures intellectuelles. Encore une réincarnation et ils renaîtront tout à fait brutes, reptiles, végétaux vénéneux et pierres de tombe. C'est inévitable, aussi inévitable que leur disparition de la terre, au bout de trente ans, balayés par mon justicier, le Temps.

Car ma justice ne chôme pas. Elle ne commet jamais une injustice envers l'homme. Tel il est mort, tel il renaîtra. Seulement il y a assez d'amour dans ma justice, pour créer les hommes justes, qui par leurs vertus se sont élevés à cette hauteur et qui n'usent leurs vertus que dans l'aspiration de revenir parmi leurs frères et de leur enseigner la vérité, qu'ils ont entrevue dans ma nature, afin de les arracher à leurs vices, qui en sont les conséquences et aux malheurs qui en sont les fruits naturels.

La lumière n'est pas jalouse de son ombre.

Seul l'ombre voudrait être la lumière.

Il n'y a d'autre Dieu que moi!

Et il n'y a d'autre Satan que l'homme libre, qui opte pour le mal contre le bien.

Et comme je n'existe que pour mes créatures, la vérité, elle, n'existe que pour le bonheur de toutes les existences que j'ai créées et qui, toutes, en ayant l'instinct, peuvent la pénétrer selon ses lois.

L'homme n'a qu'un but, *pratiquer la justice volontaire par la vertu,* en d'autres termes créer du bonheur pour ses semblables. Il n'y a pas d'autre moyen pour devenir heureux! La société humaine n'a pas d'autre but *que de pratiquer la vertu par la justice forcée,* afin d'empêcher le mal et de faire forcément le bien. Car seule, la vertu exécutée volontairement ou forcément, crée du bonheur, et, seul, le mal commis volontairement par l'homme, crée du malheur.

CONCLUSIONS SOCIALES

I

Ces Révélations ou plutôt ces Inspirations ont été écrites, il y a déjà quelques années, à bâtons rompus, pendant la nuit et par soubresauts. De là de nombreuses répétitions et un certain désordre. J'en ai profité dans plusieurs de mes ouvrages philosophiques, qui ont paru depuis quinze ans, notamment dans mon *Nouveau Sinaï*. Si je me suis décidé à publier ces Inspirations, telles quelles, et qui forment, pour ainsi dire, *le nucléus* de ma philosophie, c'est que ces vérités fondamentales offrent un vaste champ à des conclusions politiques, sociales, littéraires, législatives et économiques, que le premier venu pourra en tirer mieux que moi. L'homme, quel qu'il soit, n'a presque jamais en lui plus qu'une ou deux vérités nouvelles. Mais sa vie est trop courte et trop tourmentée pour en tirer les effets pratiques. On ne peut jamais tout faire. Et puis, outre qu'on ne saurait assez répéter une vérité, qui même répétée à satiété, n'entre pas facilement dans la tête des hommes, pleine d'erreurs et de préjugés, qu'il faudrait d'abord expulser, l'auteur, pour peu qu'il tienne à respecter l'art d'écrire, craint toujours de se voir accusé de dire toujours la même chose, quoique il n'y ait pas autre chose à dire

que la même chose, pourvu que cette même chose soit une vérité. *La vérité — Une comme Dieu, ne change jamais.* Seulement, pour la rendre plus attrayante et moins ennuyeuse, il faut l'appliquer aux différents sujets, qui prêtent à la vie une grande variété et sous de nombreux aspects.

Le jour deviendrait bien ennuyeux, s'il ne variait pas les objets qu'il éclaire de différentes manières et qui prennent divers aspects, précisément par les ombres qui sont les erreurs inhérentes à toute vérité, erreurs sans lesquelles on ne la verrait pas, sans lesquelles encore on ne pourrait la définir ; véritable reflet de Dieu, qui lui aussi, contient en soi tous les extrêmes et tous les contrastes. Si donc je me décide à tirer moi-même quelques conséquences physiques de mes vérités métaphysiques, — je le répète encore, il n'y a qu'une seule loi pour tous les mondes, — c'est uniquement pour faire ressortir l'immense différence entre la loi sociale qui en jaillit comme un monde logique et les lois que les hommes, depuis des siècles, ont tirées de leur principes philosophiques, à eux ; lois dont ils tirent tous les jours de nouvelles conséquences sociales fausses, bien que ces conséquences, loin de leur donner la paix et la sécurité, ne leur donnent que la guerre et des inquiétudes ; loin de faire avancer ce qu'ils appellent : le progrès, la font reculer jusqu'à la barbarie ! Quand je dis différence, c'est par euphémisme. Il y a un abîme entre mes vérités et leurs conséquences sociales et celles que les philosophes enseignent depuis des siècles. Il y a plus que des ombres ! Des éclipses de vérité obscurcissant l'esprit humain. Heureusement les erreurs humaines, d'après la loi divine, n'ont pas la vie longue. Par les horreurs mêmes qu'elles enfantent par le Temps, elles se dévorent et de leurs cendres émerge de nouveau la vérité, comme l'aube émerge des nuages de la nuit !

Toutefois, bien que ces vérités s'appliquent aux petites comme aux grandes choses, car en réalité, il n'y a rien de petit nulle part, ni dans les astres, ni dans la vie de l'homme, je me bornerai aux traits principaux et n'en tracerai que quelques grandes lignes, laissant à mes successeurs le soin et la tâche d'en tirer toutes les autres conséquences logiques, qui, d'ailleurs, s'en détacheront toutes seules, quand les vérités fondamentales auront mûri dans les cerveaux les mieux doués des humains. Inutile d'ajouter que la vérité absolue *en soi*, dès qu'elle se matérialise par une loi exprimée dans une langue, se modifie selon le temps et les lieux.

Le fond en est toujours le même, mais la forme en change. La forme c'est le costume matériel qui varie, bien que le corps soit toujours le même. Il faut toujours que la vérité fasse la part des erreurs qui se traînent après elle et qui ne la lâchent pas. La matière, étant pour ainsi dire l'ombre de l'esprit, se fait partout valoir. De là vient que, bien que la vérité soit une et absolue, il n'y a pas de loi parfaite, cette loi fût-elle basée exclusivement sur cette vérité ! La vérité a beau être absolue, l'homme qui la proclame, fût-il l'interprète direct de la voix de Dieu, ne l'est pas. En cela aussi la vérité suit la loi divine. Elle ne peut pas créer une autre vérité égale à elle. Si parfaite qu'elle soit, elle ne peut, par l'homme, énoncer que des demi-vérités !

II

Tout d'abord, comme il n'existe dans la nature entière aucune force qui ne soit créée par la seule et unique force supérieure qu'on appelle : *le Créateur-Un*, toutes ces forces étant égales devant ce Créateur, et la supériorité d'une force à l'autre n'existant que par une dose de spiritualité plus forte, la force soi-disant supérieure, loin d'avoir été créée pour exploiter la force inférieure, n'existe que pour vouer sa supériorité de force spirituelle et matérielle à la force plus faible en esprit et en matière, afin, non seulement de contribuer au bonheur de la force inférieure, mais encore d'y trouver son propre bonheur et de ne le trouver qu'à cette condition. La loi du Créateur est si merveilleusement faite pour l'harmonie de la Création, *que le bonheur du fort ne se trouve que dans le bonheur partagé du faible.* Cette loi se manifeste d'une manière plus flagrante dans l'amour, loi issue directement de Dieu.

Nul bonheur parfait dans l'amour s'il n'est partagé, et dans tout amour il y a une force supérieure et inférieure harmonisée par des dissonnances et des contrastes. Une expérience de six mille années d'histoire vient à l'appui de cette vérité. Toute exploitation de forces faibles par des forces supérieures, tourne à la fin contre les forts mêmes.

L'homme, dès qu'il néglige la culture de la terre et les soins qu'il doit à ses frères muets, qu'on appelle animaux ou bêtes, voit cette terre et ces bêtes, par des maladies et des pestes se tourner contre lui, l'atteindre et le frapper à mort. Tous deux se transforment en insectes rongeurs, en fauves carnassiers, en reptiles venimeux, qui deviennent des ennemis mortels pour l'homme. De même entre hommes et hommes. Les faibles exploités contre la loi de Dieu, au lieu d'être de pacifiques collaborateurs du bonheur des forts, se changent en rongeurs, en brutes, en reptiles humains et les accablent de misères et de malheurs.

Le bonheur de l'humanité, n'étant possible que dans le travail des forts pour les faibles, et ce travail ne pouvant se faire que par la *Vertu volontaire*, qu'on appelle *Devoir* et par la *Justice*, qui est le *Devoir forcé*, *il s'ensuit que toute la nature ne repose que sur cette seule unique base :* LE DEVOIR ; *Devoir des forts pour les faibles. Devoir représenté dans les planètes par* LA JUSTESSE. *Devoir représenté dans la société humaine par* LA JUSTICE !

La nature et la société identiques, reposent toutes deux sur la loi—*Une* du Créateur, qu'on peut énoncer également par ces deux mots : *Devoir et Justice*. Seulement le Créateur ne viole jamais sa loi, tandis que l'homme la viole toujours !

Donc, répétons-le pour la centième fois, toute l'humanité repose sur *le Devoir* et *la Justice*, Devoir du fort pour le faible et Justice pour l'y forcer, en cas où il ne le fait pas volontairement par Vertu.

Donc le Droit du faible jaillit uniquement du Devoir accompli du fort, sans lequel le fort lui-même ne saurait être heureux, attendu que, si la justice humaine ne l'y force pas, la justice divine intervient forcément, au bout de vingt ans par ses Justiciers, le Temps et l'Espace, que les hommes appellent : *l'histoire*.

Donc, il n'y a pas d'autres droits, absolument pas un, que ceux qui sont les fruits d'un devoir accompli !

Donc, il n'y a absolument pas de Droits isolés des Devoirs.

Il n'y a que des Devoirs, ou volontaires ou forcés !

Tout ce que les hommes ont écrit et dit sur *les Droits de l'homme* ne sont que des erreurs ténébreuses, que des ombres de vérité. *Les droits, en effet, sont les ombres des devoirs;* et comme on mesure la lumière à l'ombre, on peut mesurer et définir les devoirs aux droits qu'ils produisent. Le devoir est l'arbre primitif, le droit n'en est que le fruit, et qui n'en jaillit pas toujours. Il y a dans l'histoire, comme dans la nature, des années d'abondance et de famine de droits, bien que les arbres—devoirs soient les mêmes. Tous les devoirs accomplis des uns ne produisent pas toujours les droits des autres, mais en tout cas, il n'y a pas et il n'y aura jamais d'autres droits des faibles que ceux qui poussent sur les devoirs accomplis des forts !

Donc, encore une fois, il n'y a pas de Droits à établir dans une société humaine ! Il n'y a que des Devoirs à définir et à en forcer l'accomplissement par la Justice !

III

Quand on est dans la vérité, toutes les conséquences s'en détachent toutes seules, logiquement, droites et sans déviation de lignes.

La loi de Dieu, étant la justice, la loi de l'homme et de l'humanité, qui n'est qu'un homme collectif, ne saurait avoir d'autres base que la justice, calquée sur la loi de Dieu, qui se manifeste et s'incarne dans la nature.

Il en résulte que tout gouvernement humain et social n'a pas d'autre but, d'autre raison d'être que la justice. Dans cette justice seule gît le progrès et dans le progrès se trouvent la paix et la prospérité.

En quoi consiste cette justice ? Sa mission est double. Comme Dieu a créé les forts pour les faibles, comme devant lui toutes les forces sont égales, et que la différence entre eux n'existe pas dans la qualité même, mais dans les doses de cette qualité plus ou moins graduée, la justice humaine doit avant tout empêcher les forts, ayant une dose plus forte de cette qualité, d'exploiter les faibles, tout en forçant les faibles de faire leur devoir, afin de jouir de leurs droits.

Il n'est pas vrai, et c'est un insigne mensonge, que dans la nature les forts dévorent les faibles. Aucun animal de bien ne dévore ni son semblable ni son inférieur.

Le végétal dont vit l'animal n'existerait pas sans l'animal même. Les animaux dévorants et malfaisants sont des créations spontanées et ravageuses, sorties des pourritures des devoirs violés de l'homme. Leur rage de dévorer leurs semblables est déjà un châtiment vivant. Ils dévorent même l'homme, semblable à l'homme faible lui-même, envers lequel le fort a manqué à ses devoirs et qui devient une brute malfaisante, et dévorante!

Dans le monde des astres, les forts font toujours leurs devoirs envers les faibles, parce qu'ils manquent de liberté. Le soleil ne dévorera jamais la terre, ni Mars, ni Vénus, et si la terre elle-même se soulève par des tremblements, c'est que l'homme a manqué quelque part à ses devoirs de culture envers elle; c'est que l'homme a méconnu ou inconnu ses lois. Si l'homme n'avait pas la liberté du mal — et il n'y a pas d'autre mal que l'exploitation d'un faible par un fort — il n'aurait pas besoin de *Justice*.

La *Justesse* des planètes lui suffirait. Mais, étant libre, il lui faut la justice pour rétablir l'équilibre. Qu'on se figure le soleil libre dans ses mouvements. Il faudrait un tribunal de juges célestes en permanence, pour empêcher ses empiétements sur les autres planètes plus faibles. Eh bien, la société humaine est en face de ces libertés de forces supérieures, qu'il faut qu'elle rappelle continuellement à leurs devoirs envers les forces inférieures et qu'à la rigueur, il faut qu'elle emploie

sa justice, elle, qui représente toutes forces réunies des faibles, pour forcer forces supérieures à accomplir ces voirs, sous peine de déchéance et mort!

Donc, tout gouvernement social n'exi que pour empêcher le riche d'exploi le pauvre, l'homme valide d'exploi l'homme invalide, l'homme jeune d' ploiter l'homme vieux, l'homme adu d'exploiter l'enfance, l'homme sain d' ploiter l'homme malade, l'homme d' prit d'exploiter l'homme sot, l'hom beau d'exploiter l'homme laid, l'hom blanc d'exploiter l'homme noir, l'hom citoyen d'exploiter l'homme étranger, comme l'homme et la femme ont chac des supériorités et des infériorités re tives, il faut empêcher l'homme, dans force, d'exploiter la femme plus faible e femme, là où elle est plus forte, d'exploi l'homme plus faible qu'elle.

Que si la justice manque à ce but, faibles exploités, en très peu de tem comme les animaux et la terre, eng drent des maux physiques et métaphy ques qui dévoreront les forts eux-mêm soit par des guerres d'extermination, s par des pestes et des ruines matériel et morales.

Là où la société justicière veille rigo reusement à l'exécution de cette justi là est le progrès, là est la civilisation, règnent les lumières, la paix et la pr périté!

LE PROGRÈS EST DONC ENTIÈREMENT D/ LA MAIN DE L'HOMME ET DANS SA JUSTI DIEU NE S'EN OCCUPE PAS. IL NE VIOLE JAMAIS SA LOI. IL N'INTERVIENDRA PAS P UN MIRACLE, PAR UNE VIOLATION DE LA L

Là où ce progrès n'existe pas, où faibles ne sont pas protégés contre forts, là est la tyrannie, là règnent la b barie et la sauvagerie; là est le royau des ténèbres; là les forts sont aussi m heureux que les faibles; le tyran été enchaîné à son esclave, qui ne brisera chaîne que pour l'assommer; là enfin, n'y a pas d'autre paix que la mort, ni d'autre ordre que le cimetière!

————

IV

Mais il ne suffit pas qu'une société, basée sur la loi de Dieu, empêche le fort d'exploiter le faible, il faut encore qu'elle force le fort, en cas qu'il ne remplisse pas son devoir *volontairement,* de l'accomplir *forcément.* Il ne suffit pas que le riche n'exploite pas le pauvre, ni que l'homme valide n'abuse pas de l'invalide, il faut encore que le riche emploie une partie de sa fortune pour venir au secours du pauvre, et que l'homme valide fasse une partie de son travail pour soutenir l'invalide.

Il est facile de définir les classes qui dans une société humaine représentent les forts et les faibles. L'enfance, la vieillesse, l'homme malade, l'étranger qui n'est pas encore orienté pour travailler, la femme, sous certains rapports, sont des faibles, que les forts doivent soutenir de leur travail accumulé du passé: *la Fortune,* et de leur travail futur : *le Crédit.*

La société, à son tour, au nom de la justice, a le devoir de protéger le travail des forts contre toute attaque coalisée des faibles.

Par la même raison les frais de cette justice, soutenant le pouvoir qui la représente, doivent être exclusivement livrés par les forts eux-mêmes. *Les faibles qui ne peuvent travailler ne doivent point contribuer aux impôts!*

Point n'est besoin d'entrer dans tous les détails qui découlent logiquement de cette vérité. Je n'en relèverai qu'un. Il a été beaucoup question depuis un demi-siècle du *Droit au travail.* Or, il n'y a absolument pas de Droit au travail, pas plus que tout autre droit. *Il n'y a que le Devoir du travail!*

Tout citoyen valide, ayant passé par l'enfance pour arriver à l'âge viril, doit son travail et doit être forcé au travail, en cas qu'il s'y refuse volontairement, pour accomplir ses devoirs d'homme et de citoyen. Si ses parents n'avaient pas pu accomplir leurs devoirs envers lui, depuis sa naissance, il serait mort cent fois. A défaut des parents, la société a rempli son devoir envers lui. Si la justice sociale n'existait pas, ses parents ni la société n'eussent pu accomplir leurs devoirs envers lui. Cet homme donc, dès qu'il est arrivé à l'âge viril, doit son travail, d'abord à l'Etat, puis à sa famille, puis à tous les faibles, ses concitoyens. Il n'a préalablement que des devoirs à remplir, avant de songer à ses droits, car de ses devoirs accomplis naissent les droits de ses frères, plus faibles que lui, et dont l'inscription de droits dans une Charte serait illusoire, si la société ne pouvait pas forcer les forts de faire leur devoir. Cet homme, s'il ne travaille pas volontairement, n'a pas le droit de dire à la société : « Je ne veux travailler qu'à un tel endroit à ma guise, ou quand cela me plaira. » Il faut qu'il accepte tout travail qu'il peut faire et n'importe où, pour peu qu'il soit valide, à moins qu'il prouve que par son travail volontaire et honnête il contribue, pour sa part, à l'existence vitale de la société, représentée par la justice!

Il est vrai qu'une société pareille doit absolument le pain nécessaire à tous les faibles, représentés par l'enfance, la vieillesse et les infirmes! Notre société actuelle est arrivée à s'occuper des malades, mais elle ne fait point encore son devoir, ni envers l'enfance abandonnée, ni envers la vieillesse honnête, qui a rempli son devoir de travail durant l'âge viril.

Et c'est pourquoi elle est à tout instant exposée à perdre tous ses droits de propriété, représentée par le travail du passé et le travail de l'avenir.

Quand l'Europe aura songé à garantir l'existence de la vieillesse qu'on appelle :

3

Invalides civils, et celle de l'enfance, il n'y aura plus d'autre socialisme que celui réclamé par les fainéants et les malfaiteurs, contre lesquels elle peut en toute sûreté appliquer son devoir du travail forcé.

Inutile d'ajouter que tout citoyen, dès qu'il a la force et la santé voulue, doit son travail à sa patrie pour la défendre contre les malfaiteurs du dehors et du dedans, quel que soit le nom sous lequel ils se présentent. Et naturellement ses droits de citoyen jaillissent de ses devoirs accomplis et des devoirs accomplis de ses concitoyens!

Les conséquences de ce principe sont faciles à déduire, sans les inscrire en de longues pages dans un Code, dont les sept huitièmes des lois sont ou des hérésies sociales ou des textes de chicane.

V

De tout ce qui précède il s'ensuit logiquement, que le pouvoir lui-même, représentant la justice sociale, loin d'être un droit, est lui-même un Devoir, le premier de tous. Nul n'a le droit de le réclamer ou d'en réclamer l'exercice! Nul, non plus, n'a le droit de le refuser si le devoir l'exige et le lui impose. Ce pouvoir qui doit être le représentant de toutes les qualités réunies d'un peuple, doit être exercé (que l'on note bien ce détail) *par tous les citoyens qui accomplissent leurs devoirs volontairement par vertu et esprit de justice. A ce titre seul ils sont appelés et doivent être élus pour forcer les autres qui voudraient manquer à ces devoirs, à les remplir forcément, au nom de la Justice.* En d'autres termes, par *les Meilleurs*, ce que l'Antiquité a énoncé par le mot *Aristocratie*.

Or, comme les vertus et l'esprit de justice ne sont pas héréditaires, attendu qu'aucun bien, effet de la volonté et de liberté, n'est héréditaire, *il s'ensuit que [le] pouvoir social, représentant la loi de Die[u] est forcément électif, tout au plus viage[r] c'est-à-dire, déféré à un homme juste pe[n]dant sa vie, à l'exclusion de ses desce[n]dants par l'hérédité.*

Ce que Moïse a très bien compris. Lu[i] le premier, subordonnant toutes les force[s] à une seule force supérieure immuabl[e] et basant sa société sur le Devoir et [la] Justice, *car il n'énonce jamais un Droit, institué le pouvoir électif*, dont les che[fs] s'appelaient *Juges*, parce qu'ils représen[]taient exclusivement la justice. Moïse, lui[-]même, a exclu ses deux fils du pouvoi[r] et a élu Josué comme successeur, no[n] sans en avoir fait approuvé le choix pa[r] le peuple.

Il s'ensuit de là, contrairement à tou[t] ce qui a été dit et écrit sur cette questio[n] *que seul le pouvoir électif est de Dro[it] divin, parce que seul il est basé sur la l[oi] divine de la Justice et du Devoir.*

Le mot n'est pas tout à fait appropri[é] à la chose, parce qu'il n'y a pas de Droit divins! *Il n'y a que des Devoirs divin[s]* En tout cas, le pouvoir électif ou défér[é] à un homme juste pour la vie, ou pou[r] le moins jusqu'à un certain âge, est seu[l] un pouvoir divin. Tout autre pouvoir e[st] contraire à la loi divine de la justice.

On a voulu réunir le pouvoir électif a[u] pouvoir héréditaire par une monarchi[e] constitutionnelle. C'est une invention d[u] protestantisme qui a cru pouvoir tenir l[e] milieu entre l'idolâtrie de la Trinité et la v[é]rité de l'Unité de Dieu. Mais comme tout[e] vérité est absolue, ce soi-disant just[e] milieu ressemble à un compromis entre deux chiffres arithmétiques. Les Spar[]tiates, qui descendaient des Juifs, ont déj[à] essayé ce système. Il n'a tenu nulle part[.] C'est la loi de la nature qui s'y oppose[.] Il n'y a pas d'accord possible entre l'hé[]rédité et l'élection. Dans la nature null[e] fonction spirituelle n'est héréditaire[.] Seule, la matière se transmet par hérédit[é] et, par elle la maladie. Si les forces spirituelles étaient héréditaires, l'homme ne serait pas libre. Une seule famille, la plus forte, dominerait toutes les nations qui toutes deviendraient ses tributaires et ses esclaves. Une famille, une race ne maintient sa supériorité que par ses vertus. La noblesse n'est rien, a dit un grand poète, où la vertu n'est pas. Ces vertus peuvent devenir *nationales* par des lois, si ces lois, conformes à la justice divine, sont observées par une série de générations. Mais où est la nation, qui même douée de ces lois par des divins législateurs, les ait observé seulement pendant un siècle? Celles-là même, à la tête de l'humanité, qui ont sacrifié leur fortune et leur vie à l'accomplissement de ces lois, qui les ont scellées de leur sang le plus pur, sont déchues de ces hauteurs, au bout de trois et quatre générations, d'aucunes d'entre elles ont perdu leurs noms et leurs patrie; preuve vivante que, selon la loi divine, ni la vertu, ni le progrès, comme aucune supériorité spirituelle, ne sont héréditaires, ni dans les familles, ni dans les nations et qu'il y a devant le Créateur égalité complète entre tous les humains de l'univers, entre toutes les nations de la terre!

Inutile d'entrer dans les détails sur la nature et le mode de ce pouvoir électif. Cela dépend des lieux et du temps. Il suffit d'en avoir établi le principe, à la fois divin et humain, *principe absolu*, aussi absolu que le Créateur lui-même, sous n'importe quel nom on se le représente.

VI

La justice humaine et sociale, étant basée sur la justice divine, qui, elle, ne pardonne jamais un crime, il lui est impossible de l'exercer comme un droit et d'avoir égard à une considération quelconque, humaine et sociale, ni pour le pauvre, ni pour le riche, ni pour le faible, ni pour le fort.

La justice humaine repose sur un seul principe, savoir: *Elle se met à la place de la victime.* Par ce devoir accompli seul, la justice consolide la paix et assure à chacun son droit. Dès qu'elle manque à ce devoir, le fort se rendra justice lui-même, les faibles s'associeront pour se venger du fort, et voilà la loi du talion rétablie, loi de barbarie qui conduit à une guerre civile en permanence. Se mettant à la place de la personne, qui a été victime de la force, la loi de la justice est *Une* pour tous les cas. *Elle fait au criminel comme il a fait à son prochain;* en d'autres termes, elle, représentant la force avec justice, fait au fort, qui a abusé de sa force injuste, ce qu'il a fait au faible, sa victime.

Naturellement pour le mal, l'intention ne saurait être comptée pour le fait. Il faut que le crime soit prémédité avant d'être perpétré.

Mais dans ce cas, loin de pouvoir faire grâce au criminel, il est du devoir le plus sacré de la justice, de lui faire comme il a fait à son semblable. Et quiconque a tué doit être tué. Il n'y a pas d'autre justice!

Tout meurtrier donc, qui a tué avec préméditation doit être tué. Il n'y a pas de pouvoir qui puisse lui faire grâce. Que si un pouvoir quelconque s'arroge le droit de gracier un meurtier qui a tué un de ses semblables avec préméditation, ce pouvoir, quel qu'il soit, *mérite lui-même la mort, sans miséricorde ni merci.* Et s'il reste impuni, le châtiment retombera sur la société qui le tolère.

Un homme, qui avec intention criminelle a brisé un membre à un de ses semblables, doit être puni de la même peine, à moins que la victime elle-même ne préfère une indemnité pécuniaire. Il n'y a pas de juge au monde, qui puisse se mettre à la place d'un pauvre privé violemment d'un membre par un riche, pour estimer cette perte sur une somme d'argent, quelque forte que soit cette somme. Dès qu'un tribunal fait expier un de ces actes de barbarie par l'argent ou la prison, il n'y a plus de justice. « *Œil pour œil et dent pour dent* » était la justice égalitaire la plus admirable de Moïse, à moins que la victime elle-même ne demande grâce pour le criminel.

De même pour le vol. Rien de plus absurde, ni de plus immoral que le code païen et chrétien, code de Droits et non de Devoirs par rapport aux vols. Dans notre société, il est toujours plus avantageux d'être le voleur que le volé. Sur cent volés quatre-vingt-dix-neuf perdent leur argent et leur temps en s'adressant à la justice, basée sur l'injustice universelle. Qu'est-ce que cela peut faire au volé que le voleur passe deux, trois ans en prison, où il est nourri aux frais de l'État? *Le voleur ne doit travailler que pour restituer la somme volée à sa victime. Volontairement, s'il y consent, forcément, s'il s'y refuse!*

Bien entendu, après sa nourriture strictement bornée au nécessaire, payée par lui. Cette dette acquittée, le voleur doit rentrer dans tous ses droits dont il a joui avant son délit. Ce délit éteint, nul n'a plus rien à lui reprocher, à condition toutefois qu'il se soit acquitté de sa dette volontairement. Les travaux forcés avec prison ne doivent avoir d'autre but que de faire payer au voleur ce qu'il doit au volé, déduction faite des frais de nourriture. Ce fut là la loi de Moïse et c'est la loi la plus juste qui fût jamais promulguée. Seulement Moïse fait payer le double et le triple de la valeur de l'objet volé, selon les circonstances et les lieux!

Maintenant voici pourquoi le pouvoir qui gracie un assassin mérite lui-même la mort.

Nous avons vu — et l'histoire en fait foi sur chaque page, — que tout crime impuni, le Temps s'en empare, le couve et le livre à l'Espace, qui, en vertu de la loi absolue de la solidarité, verse une véritable boîte de Pandore sur les contemporains et leurs descendants, non seulement sur ceux qui ont commis le crime, mais encore sur ceux qui l'ont laissé commettre!

Citons-en quelques exemples frappants de l'histoire. Pâris, trahissant l'hospitalité de Ménélas, lui enlève sa femme. Il est certain que si Ménélas avait surpris Pâris en flagrant délit, il l'aurait tué. La justice, se mettant à la place de Ménélas, aurait donc dû condamner Pâris à mort! Le vieux Priam y a bien pensé, mais il a cédé à l'amour paternel et à la beauté d'Hélène.

Eh bien! faute de ce jugement, le crime de Pâris, au bout de trente ans, a coûté la vie à une centaine de mille Grecs et a été la cause de la chute de Troie.

Le tout pour sauver la vie d'un lâche bellâtre, parce qu'il était fils de Roi!

Même phénomène pour l'assassinat de Clytemnestre.

Mais restons dans l'histoire d'hier.

Louis Bonaparte, ayant assassiné un de ses semblables à Boulogne-sur-Mer, sans compter son meurtre à Strasbourg, avait deux fois mérité la mort! Louis-Philippe, manquant à son devoir, l'a gracié. Qu'en est-il résulté? Au bout de trente ans, la France a payé ce crime — car c'est un crime de gracier un criminel, quel qu'il soit — par la vie de cent mille de ses meilleurs fils et par la perte de ses deux plus belles provinces!

Le tout pour un lâche dont la vie ne valait pas celle du dernier de nos soldats.

La France n'a-t-elle pas payé assez cher d'avoir assisté l'arme au bras à l'assassinat du Danemark par la Prusse et l'Autriche?

Tout se paye; seulement le crime non puni se paye avec intérêt. *Le temps est un terrible usurier!*

Et il en est du dernier des criminels comme d'un fils de roi. Seulement les crimes commis par le pouvoir sont expiés par toute la nation qui tolère ce pouvoir, tandis que le crime d'un mortel obscur ne retombe que sur quelques familles ou sur quelques cités. Mais nul crime ne reste impuni. Et tout crime non puni par la justice humaine, retombe, en pluie de malheurs, sur les humains par la justice divine et par son unique et inexorable justicier, le Temps. La Bible a dit avec raison : « Le sang de l'innocent crie vengeance. » La terre ne le boit pas, car la terre, comme tout ce qui est créé, sorti de la main du Créateur, suit la même et unique loi. Seuls, les hommes ne croient pas à cette loi. Mais ceux-là mêmes qui n'ont pas d'oreilles pour l'écouter, la sentiront tôt ou tard par ces mêmes oreilles quand on les leur coupera ! Et elles sont toujours coupées et parfois les têtes les suivent !

VII

Il m'est impossible d'appliquer en détail les principes fondamentaux qui président aux innombrables lois sociales. À ne citer qu'un exemple, il serait absurde d'accorder des droits politiques à un citoyen, avant qu'il en ait rempli les devoirs. Cela ne peut être admis que dans une société qui met les droits au-dessus des devoirs, la charrue devant les bœufs, la quantité au-dessus des qualités et l'ombre au-dessus de la lumière, et qui, en très peu de temps n'élèvera que des gueux, des fous, des pillards et des brigands. Heureusement que le Temps ne tolère pas longtemps une société pareille. Elle ne dure nulle part plus de vingt ans. Au bout de ce temps cette société, en pleine anarchie, dévorée par la guerre civile, jaillie de sa propre pourriture, déchirée par la guerre étrangère, cherche son salut dans un despotisme rigoureux, devant lequel tous les droits disparaissent, et qui ne se mitigera de nouveau que par des devoirs accomplis des générations suivantes.

Je tiens seulement à ébaucher quelques conclusions sociales par rapport aux deux sexes, et aux lois naturelles qui règlent leurs devoirs et leurs droits. Ce qu'on a dit et écrit d'erreurs et d'hérésies sur la femme, depuis un siècle, chez tous les peuples, tous procédant des droits soi-disant imprescriptibles en dehors des devoirs, est inimaginable. L'erreur est prolifique. Elle se multiplie comme les poux et les sauterelles.

La femme, entre toutes les femelles, est menstruée, privilège extraordinaire par lequel le Créateur a indiqué la monogamie. Seul l'homme mâle peut être monogame. Sa femme, sauf quelques jours, est toujours apte à le rendre heureux. Aucune femelle de la nature n'a ce privilège, et tout mâle, sauf l'homme, est forcément polygame, et ne reste avec sa femelle que le temps de nourrir les petits. La femme aussi chante comme l'homme. Parmi les oiseaux qui chantent, les mâles seuls ont ce privilège.

Mais précisément ces menstrues rendent la femme inférieure à l'homme pour certains travaux. L'homme est plus fort qu'elle, matériellement. La femme lui est inférieure pour la course, et pour toutes sortes d'exercices. Sans compter la grossesse et l'allaitement, qui rendent la femme esclave de l'enfant, tellement esclave que sa santé est intimement liée à celle de l'enfant. Celle qui voudrait se détacher de cette sujétion risquerait sa vie. L'enfant est tellement nécessaire à la femme, que la femme qui voudrait se soustraire à l'amour de l'homme et aux devoirs de la maternité, se vouant à une virginité éternelle, risque non seulement sa santé et sa beauté, mais encore sa vie. Si toutes les femmes se vouaient à une virginité absolue, neuf dixièmes d'entre elles n'atteindraient pas l'âge de 40 ans ! L'amour de l'homme est indispensable à la femme. De là sa sujétion et son infériorité.

On a défini ce besoin sous le mot de *Droit à l'amour*.

En effet, c'est un droit, mais comme tous les droits, il n'est que le fruit d'un devoir accompli par un autre, savoir :

Du devoir du mariage accompli par l'homme. Le mariage monogame n'est donc pas un roman d'amours, sur lequel chacun est libre de broder des agréments poétiques ou prosaïques, *c'est un des premiers devoirs du citoyen, car de ce Devoir jaillit le Droit de la femme à l'amour et à la maternité, sans lequel elle ne saurait vivre saine, heureuse et vertueuse.*

Donc, laisser à un citoyen le droit de ne pas se marier, c'est absolument le même crime social, que de laisser à un homme fort et vigoureux le droit de ne pas travailler, car de ce travail accompli jaillit le droit de l'invalide et de l'enfant, eux qui ne peuvent pas encore ou plus travailler.

Le citoyen valide n'a pas plus le droit de ne pas travailler, même s'il hérite du travail de son père, que de ne pas se marier, dès qu'il en a l'âge. Mais ce devoir accompli impose à la femme d'autres devoirs d'où, à leur tour, sortent les droits du mari et du père.

Précisément par le même privilège accordé par le Créateur à la femme, elle seule, parmi toutes les femelles de la création, peut se prostituer. L'homme n'a point cette force. Un homme qui voudrait se prostituer à plusieurs femmes, comme la femme à plusieurs hommes, mourrait en très peu de temps. Or, avec la liberté de la prostitution, le mariage est impossible et comme devoir et comme droit. D'abord, l'époux ou le père ne travaille plus pour l'épouse et la mère, dès qu'il aura le moindre soupçon sur la paternité de ses enfants. La femme n'a pas la même crainte. Une infidélité du mari ne lui en donne pas moins toute sécurité pour ses enfants. Non seulement la prostitution de la femme dégage l'homme de son devoir du ma-

riage, non seulement elle est un élément de dissolution pour les mariages consommés, mais là où elle est tolérée, soit par des lois, soit par des mœurs, comme de tous les crimes, les maux qui en jaillissent, autant de créations spontanées sorties des saletés et des pourritures matérielles, détruisent par le Temps, et cela au bout de plusieurs lustres, détruisent tous les éléments de santé, de vigueur et de bonheur, et rendent les citoyens incapables d'engendrer des fils vigoureux de corps et d'esprit, pour défendre leur patrie contre des ennemis moins civilisés, mais plus sains de corps, en d'autres termes, moins bien doués de forces spirituelles, mais mieux doués de forces matérielles.

La prostitution de la femme est donc un crime capital, que la justice sociale doit frapper sans miséricorde. En d'autres termes, *la vertu de la femme de n'avoir jamais qu'un seul homme doit être obligatoire, là où elle n'est pas exercée volontairement.*

Tout adultère de la femme rentre dans le crime de la prostitution. *Il n'est pas permis au mari de le couvrir de son pardon. Car le mal qu'il engendre est social et frappe tous les citoyens, plus encore que l'époux.*

Donc, toute prostituée doit être mise dans une situation à ne plus jamais pouvoir se livrer à ce crime, *et s'il y a récidive et incorrigibilité, elle doit être punie de mort, sans merci ni pardon!*

La prostitution, étant abolie de fait et de droit, nul citoyen, après l'âge de vingt-trois ans, âge où la croissance est faite, ne doit jouir d'aucun droit ni civil, ni politique, s'il n'est pas marié. Le mariage est le premier devoir du citoyen. Il prime même celui de soldat de la patrie. Car sans le mariage, qui est le droit à l'amour et à la santé de la femme, la prostitution surgira comme un mal dévorant, comme un cancer social, fruit de toutes sortes d'impuretés et d'excès, et avec la prostitution libre de la femme, il n'y a plus d'hommes possible, au bout de cinquante ans, ni spirituellement, ni matériellement.

Avec la prostitution la société humaine chancelle toujours entre l'anarchie et la tyrannie, comme un ivrogne sur un âne, destiné à se casser le cou contre les bornes de la route.

La France doit toute sa déchéance sociale à la prostitution, glorifiée par ses hommes de lettres et tolérée par ses législateurs.

POSTFACE

Ce livre inachevé est plein d'imperfections et même de contradictions. Pourtant je le laisse tel quel, abandonnant à mes successeurs — s'il y en a — le soin d'en séparer le froment des balles et les graines de semence de l'ivraie. Qu'il me suffise d'en faire ressortir les principes vitaux, la moelle métaphysique qui lui assurent — j'en suis certain—une vie spirituelle, au delà de mon existence matérielle. Les voici :

Il n'y a qu'une seule force créatrice, simple de corps, égale dans toutes ses parties !

Toutes les forces créées, sans exception, issues d'elle, sont composées d'esprit et de matière, à différentes doses.

Cette force, nous l'appelons : Dieu ou le Créateur.

Il est *Un* et immuable. Il fut et sera toujours ce qu'il est. Il est l'*Être*, toutes les autres créatures, sans exception, *ne sont pas*, elles sont toujours *devenantes* et changent continuellement de forme.

La mort n'est qu'une de ces transformations.

Étant la Loi absolue, *qui se suit toujours*, le Créateur ne viole jamais sa loi.

En vertu de cette Loi, la force créatrice ne peut créer une autre force égale à elle. Elle ne peut donc pas, elle n'a pas créé, ni ne créera jamais une autre force égale à elle !

Donc, toute force créée, sans exception, est changeante et mortelle.

Il n'y a qu'une seule loi dans tous les mondes, dans toutes les sphères, dans toutes les planètes, dans toutes les existences. Tous les êtres sont sortis de l'Être, qui ne change pas.

Il est en tous. Seulement composés qu'ils sont forcément d'esprit et de matière, ils diffèrent les uns des autres, selon la dose spirituelle qu'ils contiennent, et qui leur donne plus ou moins de liberté, plus ou moins de volonté, plus ou moins de mouvement sur la terre. L'Être doué de plus de liberté, l'homme est le plus près de son Créateur, et devient presque son égal par le pouvoir absolu de créer du bonheur et du malheur, selon ses actions, ou conformes, ou contraires aux lois de justice de son Créateur !

L'essence de la loi du Créateur, c'est la Justice.

Justice absolue, sans pardon ni déviation pour tous les êtres créés, passés, présents et futurs.

Pour les êtres sans liberté, cette *Justice* s'appelle en langage humain *Justesse !*

Le Créateur n'a point créé le mal en soi, ni un représentant ou un délégué du mal, sous n'importe quel nom. Il lui est impossible de créer un être immortel, et s'il y en avait un à côté de lui, il ne serait pas, il ne saurait être !

Il n'a pas créé non plus le bien terrestre en dehors de l'homme, comme une chose en soi. Le bien et le mal dans cette vie, sont absolument dans le pouvoir de l'homme, dans sa liberté d'option entre la vertu, conforme à la Justice absolue, et le vice, violant cette loi de justice.

Il n'y a pas d'autre bien sur la terre que la Justice imitant la Justice de Dieu. La Vertu imite cette Justice *volontairement*. La Justice humaine n'a pas d'autre but que *la Vertu forcée*, qu'elle désigne sous le nom de Devoir. Il n'y a pas d'autres droits que ceux qui jaillissent d'un devoir accompli, comme le fruit sort de l'arbre.

Toutes les bénédictions et toutes les malédictions, tous les bonheurs et tous les malheurs de la terre, sans aucune exception, sont dans les mains de l'homme par la vertu et le vice, par la Justice et l'Injustice.

Le Créateur n'a pas d'autre Justicier que le Temps. Le Temps n'applique sa justice que par l'Espace.

Ces deux forces tiennent de plus près à Dieu. Grâce à elles, l'homme est libre et peut être criminel ou vertueux, sans être immédiatement ni châtié ni récompensé. La Justice humaine n'a pas d'autre but que de dérober au Temps et à sa Justice tout acte malfaisant, par l'expiation et le retranchement du criminel même, afin d'éviter de plus grandes expiations, par la Solidarité représentée par l'Espace et qui châtie, sans merci ni miséricorde, tout crime impuni sur de grandes étendues et sur différentes générations, aussi coupables d'avoir laissé commettre des crimes que de les avoir commis elles-mêmes.

La Solidarité existe, non seulement entre tous les êtres de la terre, mais entre tous les vivants et tous les morts. Il n'y a qu'une Loi et qu'une Justice dans tous les mondes, avant et après la vie et tous sont solidaires. Et s'il y avait une seule injustice invengée, tout croulerait et rien ne pourrait exister.

Dieu aime toutes ses créatures, mais ne les gouverne qu'avec la Justice, sans faveur ni privilège.

Il n'y a jamais eu, il n'y aura jamais un miracle!

Ce qui nous parait un miracle, c'est un effet conforme à la loi de la Justice, dont la cause nous échappe par ignorance de la loi de Dieu. Toute la vie n'est, par conséquent, qu'un miracle en permanence. Car nous ne connaissons point encore toutes les lois de la nature que nous pouvons tirer de la Loi divine, toutes identiques à cette Loi, et qui toutes sont contenues dans le corps de l'homme, le chef-d'œuvre du Créateur sur la terre, bien que dans d'autres planètes il puisse exister des êtres supérieurs à l'homme, doués de plus d'esprit, de moins de matière et de plus de mouvement, *mais qui sont forcément mortels comme lui, attendu que la force créatrice ne peut créer une autre force immuable et immortelle, égale à elle.*

L'homme, comme tous les êtres, sort directement de la main du Créateur. *Il a toujours été tel qu'il est,* mais plus ou moins heureux, avec une vie terrestre plus ou moins longue, selon ses vertus et ses vices.

Il n'y a d'autre différence de race et d'extraction entre les hommes que la différence de plus ou moins de dose spirituelle, comme entre toutes les autres existences de l'Univers, toutes égales devant la Loi de Dieu.

Tout ce que la soi-disant science a dit et écrit sur l'origine de l'homme est l'effet de l'ignorance et de l'outrecuidance. L'orgueil sort de l'ignorance, comme le pou sort de la gale!

On peut réduire encore ces principes en quelques lignes que voici :

Dieu c'est la Justice, la Loi qui ne se viole jamais!

Lui seul est un corps simple, égal dans toutes ses parties.

Tous les autres corps, sans exception, sont des corps composés.

Le Créateur ne peut créer une autre force égale à lui, attendu que selon sa loi absolue, nulle force, sans exception, ne peut créer une autre force égale à elle.

Le Créateur n'a créé ni le bien, ni le mal terrestres. Le bien et le mal sont au pouvoir de l'homme, dans sa liberté d'option entre la vertu et le vice.

La Vertu c'est la Justice volontaire.

La Justice humaine, c'est la Vertu forcée!

Le Créateur n'a pas d'autres Justiciers que le Temps et l'Espace. Il ne pardonne, ni ne saurait pardonner un crime irréparable!

Devant la Justice de Dieu, il n'y a ni morts ni vivants. Tous les êtres créés, passés, présents et futurs sont solidaires devant cette Loi.

Paris. — Imprimerie PAUL DUPONT, 41, rue Jean-Jacques-Rousseau (Cl.) 1006.3.85.

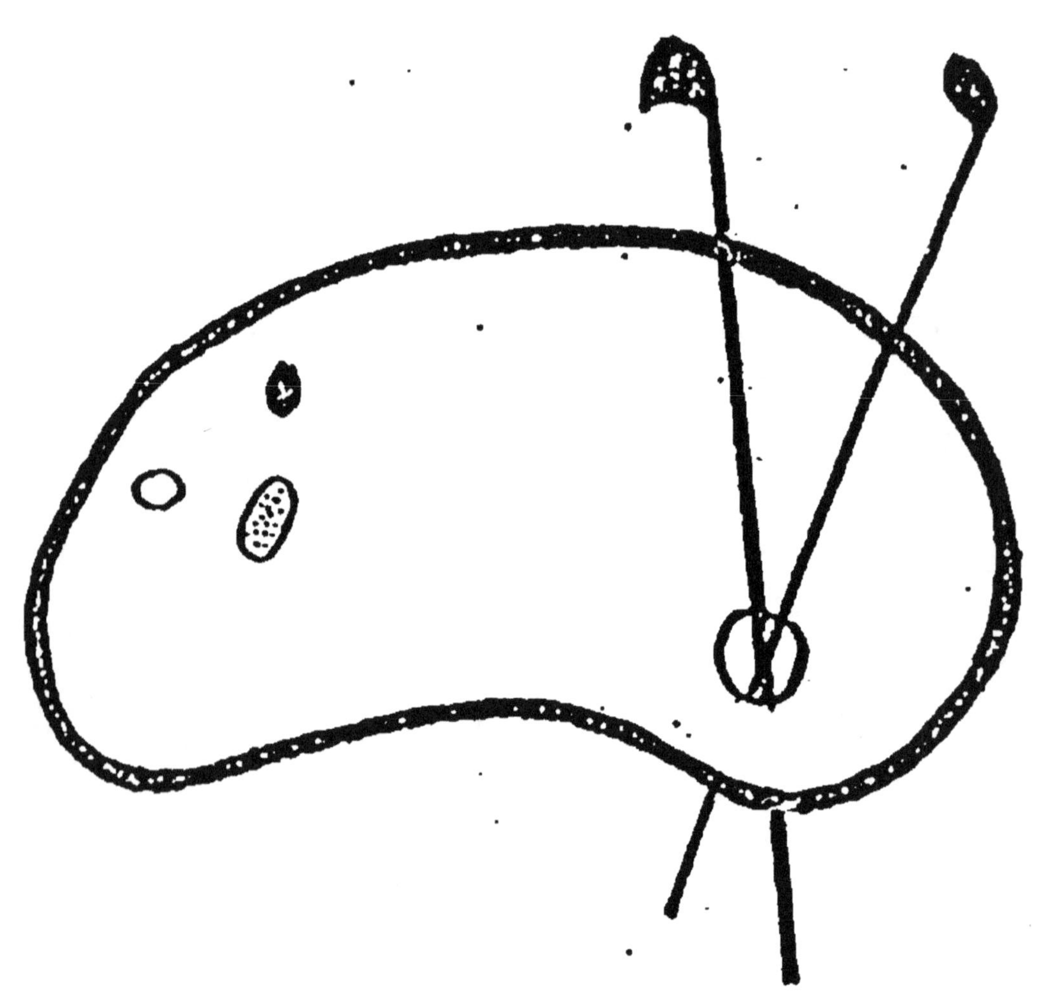

ORIGINAL EN COULEUR
Nᶠ Z 43-120-8